如何记忆

M

From America's Top Expert on Study Skills

来自美国顶尖专家的学习技能书

MASTER YOUR MEMORY

[美]
罗恩·弗莱
Ron Fry
著

中国青年出版社
CHINA YOUTH PRESS
中青文传媒

图书在版编目（CIP）数据

如何记忆：来自美国顶尖专家的学习技能书 /（美）罗恩·弗莱著；刘夏青，刘白玉，谭淑文译. —北京：中国青年出版社，2018.3

书名原文：Master Your Memory: From America's Top Expert on Study Skills

ISBN 978-7-5153-2953-6

Ⅰ.①如… Ⅱ.①罗… ②刘… ③刘… ④谭… Ⅲ.①记忆术 Ⅳ.①B842.3

中国版本图书馆CIP数据核字（2018）第013246号

如何记忆：来自美国顶尖专家的学习技能书

作　　者：[美] 罗恩·弗莱
译　　者：刘夏青　刘白玉　谭淑文
责任编辑：肖　佳　李　昕
美术编辑：李　甦
出　　版：中国青年出版社
发　　行：北京中青文文化传媒有限公司
电　　话：010-65516873/65518035
公司网址：www.cyb.com.cn
购书网址：zqwts.tmall.com
印　　刷：大厂回族自治县益利印刷有限公司
版　　次：2018年3月第1版
印　　次：2021年9月第4次印刷
开　　本：787×1092　1/16
字　　数：99千字
印　　张：9.5
京权图字：01-2017-3537
书　　号：ISBN 978-7-5153-2953-6
定　　价：39.00元

CONTENTS
目 录

前言

INTRODUCTION

世界万物尽在脑中

一个人大脑“阁楼”的空间有限，应该存放自己喜欢的所有“家具”，而其他东西则应当放进记忆的“杂物间”里，需时取用。

——阿瑟·柯南道尔[①]

工作生活中，有许多这样的瞬间：

你经常会忘记把眼镜、钥匙或是钱包放在什么地方了。

你走出考场，既沮丧又气馁，因为你本来会做那道题，真的会做，但当时怎么也想不起答案了。

① 编者注：阿瑟·柯南·道尔（Arthur Conan Doyle，1859—1930），生于苏格兰爱丁堡，因塑造了成功的侦探人物——歇洛克·福尔摩斯而成为侦探小说历史上最重要的作家之一，堪称侦探悬疑小说的鼻祖，代表作《福尔摩斯探案集》。

你在会议上信心满满地演讲，在“背诵”演讲稿时一下子断片，僵在那里，怎么也想不起下一句话。

你像一只疯狂的猫，从一个房间跑到另一个房间，却突然忘了想要做什么。

换言之，你和地球上几乎所有的其他人一样，并不了解记忆的方法、技巧和系统，而它们恰恰能够帮助你更加轻松地记住你想要或需要记住的一切，世界万物尽在脑中。

我们都只有常人的记忆力

从本质上讲，我们所有人在儿时的“基本”记忆力是相差无几的，有些人在某些领域甚至比别人还要稍好一些。我在记数字方面有点天赋，能记住很多细节的东西，所以在玩桥牌或者扑克时是个记牌高手。但是，如果不刻意去记，我可能连最好的朋友的名字也会忘记。在社交场合中，我总是无所适从；在背诵诗歌、歌词或者剧本台词时更是难上加难，就是逐字逐句也背不下来，而且我偶尔还会忘记把眼镜放在哪儿了。

但是，如果我选择并运用本书讲到的一些记忆技巧，就能够使我的弱项变为强项，使我的强项变得更强。

什么是“常人”的记忆力？如果测试一下你在一分钟之内能记住多少个数字、名字、相貌或是随机选取的单词（详见第二章），**大多数人每分钟会记住7到10个**。通常情况下，不会更少，也不会更多。再次强调一下，有些人在某项任务上可能会比在其他任务中表现得稍好一些，但如果不进行训练，不学习提高记忆力的方法，即使记住一个列有10样东西的食品杂货单都可能令人头疼。

"常人"+技巧=最强大脑?

参加美国地区、全美或者"世界记忆锦标赛"的记忆比赛选手常常拥有惊人的战绩。

2015年,"吉尼斯世界纪录"宣布来自印度的罗维尔 · 米纳(Rajveer Meena)成为背诵圆周率位数最多的人,达到70,000位[日本选手阿基拉 · 原口(Akira Haraguchi)在2006年声称可背诵圆周率至100,000位,但吉尼斯并未认可该成绩]。

2016年,美国密西西比大学医学专业大二学生亚历克斯 · 穆伦(Alex Mullen)成为第一位在"世界记忆锦标赛"上夺冠的美国人,他的成绩惊人:他用18.653秒记住一副52张的扑克牌,1个小时记住28副(外加4张)扑克牌,1个小时记住3029个数字,15分钟记住505个图形。

有趣的是,记忆力训练属于"任务针对型"训练。国际象棋选手扫一眼棋盘就能够立刻记住棋子的分布,如果让他们在几小时后重现那个棋盘,他们也能够做到。但是,如果棋盘上的棋子是完全随机摆放的,他们能记住的和普通人没什么两样,换句话讲,他们根本记不住棋盘布局!

能在几分钟内记住很多副扑克牌的记忆力选手也同样记不住一个"随机"摆放的象棋棋盘,因为他们也没有经过任务针对型的训练,所以在比赛之外的记忆力测试方面,他们也只是拥有常人的记忆力,和你我一样。

美国《石板》杂志（Slate Magazine）的记者乔舒亚·福尔（Joshua Foer）观看了2005年“美国记忆锦标赛”后，决定尝试一下记忆选手们使用的一些技巧，看看是否奏效，结果是他在第二年参加了“美国记忆锦标赛”并一举得魁。

尽管乔舒亚·福尔掌握了许多高难度的记忆技巧，但他觉得这些技巧在现实生活中的用途远没有看起来那么耀眼：“尽管在记忆的殿堂里我曾经达到了每分钟记住30多位数字的高峰，但在日常生活中我只是偶尔用这些技巧，记一些我需要记住的电话号码。有时候我也会去记一些购物清单、说明书和待办事件清单等，但仅仅是在手头上没有笔来记录的情况下才会这样做。这并非说这些技巧不好用，恰恰相反，我本人就是证明这些技巧非常好用的鲜活的例子。但问题是，在日常生活中，纸、笔、计算机、手机就能够帮我记住这些事情，所以很难找到使用这些技巧的场合了。”

除非我们训练记忆力技巧，否则我们都只能有常人的记忆力。真的是这样吗？那伦敦出租车司机怎么解释呢？他们要通过“伦敦地图知识考试”——被称为全世界最难的考试，需要记住320个基本路线，25,000条街道，30,000处顾客目的地（从酒店、餐馆、学校到警察局、地标建筑和旅游景点）。难道是他们喝的暖啤酒和吃的炸鱼薯条使他们具备了某些天生的特异功能？

当然不是！他们不过是一直在使用一些记忆力技巧，我们将在后面的章节里详细讨论这些技巧。正如英国超级记忆大师艾德·库克（Ed Cooke）告诉乔舒亚·福尔的那样：“我的记忆力非常一般，我们所有人（包括记忆选手）都只有常人的记忆力。”

获得超凡记忆如此简单

获得超凡记忆并非需要超凡的智商。我很确定的是，你们中的大多数人既不想去英国开出租车，也不想测试一下记住一副扑克牌需要多长时间。大多数人面临的是相似的记忆任务：如果你是高中生、大学生或者研究生，你需要记住重要的历史事件、作者及其作品、化学式及方程式、科学定律、重要的法律案件，甚至人体的每个神经、肌肉和骨骼的名称；教师需要记住详细的授课计划，教练需要记住详细的训练计划。销售人员需要记住产品规格、有竞争力的信息、客户的详细情况，尤其是客户的名字和相貌！

总之，我们都需要尽可能多地记住我们阅读过的东西，比如我们学过的某一门课、一份商业报告、一篇报纸或者一篇杂志的文章。如果我们能立刻找到眼镜、钥匙和钱包，如果我们在去商店时没有像平时那样忘记购物清单上近一半的物品或者没把购物清单遗忘在家里，那该有多好啊！

我保证：你阅读了这本书后，就能够提高上述所有方面的记忆力。

本书将给你打开记忆宝库的钥匙

不存在一种万能的、具有魔术般效果的记忆技巧。具体情况需要具体技巧来应对——记事实的、记数字的、记清单的、记科学公式的等。在这本书里我将一一呈现给你。但是，你要选择最适合你的技巧或方法。

很多令人惊叹的记忆力特技展示起来像耀眼的戏法般令人印象

深刻，但那并不实用。给某人一副扑克牌，让他看几分钟，他就能按顺序一张张说出纸牌的花色和点数；或者向他介绍100个人，一两个小时之后，他能够毫无差错地说出每个人的名字以及他们的生日和孩子的名字。前NBA球员（也是记忆力专家）杰里·卢卡斯（Jerry Lucas）就以记住了纽约曼哈顿区电话簿的前30,000个名字和电话号码来推广他的书。

这是你需要的记忆技巧吗？你需要这么做吗？

我认为不需要。

你在书店或网上看到的许多有关记忆力的书都是作者在炫耀其在记忆大赛上的成绩，他们在书中提及的某些技巧大都只适用于一些特定比赛的特定测试项目。譬如，记二进制数（只用0和1）、图形、杂志页数、口述的数字或者一副或多副扑克牌。我还要说明一点，这些书中的很多内容都相对过时了，它们是智能手机诞生前的产物，书中可能用一个章节甚至更多章节来讲述如何记住每周的约会，或者讲述如何记住历史上的某一天。当然，有了智能手机，创建购物清单或待办事件清单、存储电话号码、信用卡号、身份信息和其他重要数字都变的容易了。但是，我还是会讲许多容易记住这些事情的技巧……目的是以备你找不到智能手机之需。

在第九章中，我会用一个小节的篇幅探讨如何记忆扑克牌，这是一个特例。除此之外，我认为没必要给你讲述你永远不会用到的技巧来徒增你的负担。当然，这并不意味着本书没有专家使用的记忆技巧。书中包含了12种记忆技巧，我在举例和应用上更加强调实用性和常用性，以此希望吸引大多数人。

我不是记忆力大赛选手，我至今未参加过任何此类比赛，以后也不打算参加。但我确实在30年前写过一本叫《如何学习》的书。该书现在已出版到了第八版，它帮助过数百万的人提高了基本学习技巧，增加了做事的条理性，有效地管理好时间，取得了更好的考试成绩……虽然这本书中有一章专门讨论“如何提高记忆力”，但对于很多读者而言，这显然远远无法满足他们的需求，他们多年来一直希望我能写一本书，尽可能全地介绍记忆技巧和记忆体系。

这本书由此而来。

如果你想让你的朋友对你刮目相看：比如轻松说出圆周率至100位、背出50个随机单词或者说出“美国内战”每一次战役的时间，这本书所讲授的记忆技巧足以帮助你实现；如果你想参加记忆锦标赛，不要犹豫，去报名吧！

许多人只需要改变一个习惯，就可以立刻提高记忆力：把更多东西写下来。正如塞缪尔 · 约翰逊[①]所言：“知识分为两种：一种是我们自身已知的知识，另一种则是我们在已知知识的基础上所找到的知识。”

本书能为你带来什么：

第一章：我们将简要探讨大脑和记忆的概念，它是如何工作的以及为什么有时它运转不了了。

第二章：为了让大家了解自己的“记忆起点”，我在这章提供了一系列小测试。你不必给自己打分或评级，在本书最后一章会有类似的测试，你可以以此评估自己通过阅读本书所取得的进步。

---

① 编者注：塞缪尔 · 约翰逊（Samuel Johnson，1709—1784）英国作家、文学评论家和诗人。主要作品：长诗《伦敦》《人类欲望的虚幻》《阿比西尼亚王子》等，还编有《英语大辞典》。

第三章：将为你介绍四种基本记忆技巧，包括缩略词记忆法、助记词记忆法、链条记忆法和故事记忆法。

第四章：将为你介绍两种高阶记忆技巧：字母记忆法和宫殿记忆法。

第五章：将帮助你在日常人际交往中快速记住他人的姓名和相貌。

第六章：将帮助你学习如何实现过目不忘的阅读，无论你的阅读速度有多快。

第七章：将帮助你学习如何辨认、拼写和记住不熟悉的英文单词，并快速记忆多门外语的基本词汇。

第八章：将帮助你快速记忆抽象数字，包括四种数字记忆技巧：押韵拟像记忆法、数字语音记忆法、多米尼克记忆法和PAO记忆法。

第九章：将向你说明如何将所学的记忆技巧轻松运用到日常生活中：牢牢记住自己各种账户的密码、轻松掌控会议发言进行精彩演讲、巧妙记忆物理公式和历史事件等。

第十章：将帮助学生或者有考试需求的读者做到高效、精准的复习，并在考试前夜实现“完美突击”。

第十一章：你将在这一章再做一个测试，通过与第二章测试结果对比，我相信，你会惊喜地发现：经过本书的学习，你的记忆力已经变得异常强大了。

CHAPTER

1

知己知彼：记忆是如何运行的

一切思想的形成都归功于关联：眼前的事物会激发出存在于你头脑中的某种东西，在这之前，你可能都没有意识到你已经知道这些东西的存在。

——罗伯特·弗罗斯特[①]

① 编者注：罗伯特·弗罗斯特（Robert Frost，1874—1963），20世纪最受欢迎的美国诗人之一，曾赢得4次普利策奖和许多其他的奖励及荣誉，被称为“美国文学中的桂冠诗人”。代表作品：《诗歌选集》《一棵作证的树》《理智的假面具》等。

记忆的本质是一种关联能力，与一件事情或一种感觉相关联，就像刚刚发生一样。提高记忆技巧或锻炼记忆能力的目的就是使你能够对存在于大脑中的事实、公式、经历、数字、姓名以及相貌进行随意支配。这样一来，你就可以随时随地、随心所欲地调用这些信息。

为什么会有那么多人想不起把车钥匙、眼镜或者手机放在什么地方了？因为放置这些东西是我们日常生活中最平常不过的事情，当然也是一种索然无味却又不可或缺的生命活动。(《读者文摘》的一项调查显示，一个成年人平均每年花费在找钥匙这件事上的时间为16小时）记住那些压根引不起我们关注的东西，对我们来说颇有难度。

无论是日期、相貌、名字，还是事实，如果不费一些时间去留意它们，我们是无法将它们转化为记忆的。可以这样理解，很多时候我们声称自己“忘记了”，事实上，我们从来就没有记住过或是我们从来都没有注意过，这也可以用来解释我们为什么永远找不到眼镜、钥匙和钱包，为什么总是在停车场费劲地四处寻找自己的车。在很多情况下，我们所谓的“健忘”，其实就是由疏忽导致的。

大脑究竟是怎么回事

正当要着手撰写本章内容时，一个偶然的机会我翻阅到一篇科技论文，论文中展示了“一张极为壮观的全新的大脑地图，并对近百处大脑未知领域进行了详细说明”（引自《纽约时报》报道）。还表明了目前“已探知”的大脑区域仅有83处，这不禁令我感叹，我们对大脑的了解是多么的微乎其微。科学家表示，要想探测出大脑每一区域的功能可能得花费数十年的时间。

既然我们对自己的大脑都一知半解，那么对“记忆”知之甚微也就不足为怪了。有些人曾经尝试用暗喻和明喻的方式对它们进行诠释：大脑就像是一块肌肉，越锻炼它就越强壮。记忆就像计算机的只读存储器（Read Only Memory，ROM）和随机存取存储器（Random Access Memory，RAM），或像是一个拥有无数“记忆架”的巨型文件柜或大型图书馆。这些说得有道理，但又不尽然。

就我们目前所知，大脑中并没有一个单独的区域或结构来存储“记忆”，那么多用来存储不同类型记忆的区域或位置更是无从谈起了。曾有这样一种假设，人类提取记忆就是各个记忆碎片“重组”的过程。这或许有助于解释为什么在不同时间或不同环境下，人们“记起”的事物会有所不同。

记忆究竟是如何“被唤起”的？我们为何记住了一些事情却又忘记了另外一些事情？它们是真的被遗忘了还是暂时“想不起来”了呢？

短期记忆和长期记忆

让我们先来谈谈那些“确切”知道的事情。记忆主要有两种形式：

短期记忆和长期记忆。当我们提到要“提高我们记忆”时，我们所指的对象就是后者。

短期记忆对信息的储存时间较短，信息储存的容量也很有限，就像微软公司的记事本一样，信息只能保存一段时间，随后就消失了（或者，更形象地说，是被覆盖了），如此一来，它就极易出错。例如，我们一大早起来，走到另一个房间，却无论如何也记不起我们为何而来。当然，如果我们之前留意过，追忆起来就不成问题。大脑中存放不了供我们追忆的所有信息，它只是一个信息驿站。我们每天都花很长时间在做如下决策：哪些信息需要“转化”为长期记忆，哪些需要直接丢弃。

据某些科学家研究成果显示，长期记忆就像一个庞大的存储仓库，存储能力是无限大的（至少是大得惊人）。2016年2月在《科学美国人》[①]发表的一篇文章称，人类大脑的存储量约为2500万亿字节，大致相当于2千万个四抽屉文件柜或者1万亿份文本的存储量。**保留记忆**是指将与事实、数字、姓名、相貌、经验等相关的所有字节存储起来的过程，其大多是以长期记忆的形式存储的，所保留的信息可以在被需要的时候随时提取出来，用以辅助其他思维活动的运行。越重要的事情，存储起来就越容易。所以，当你暗示自己必须保留或回想某件事情时，这就大大增加了将该信息存入大脑存储仓库即长期记忆存储库的机会。

回想是指我们能够提取那些先前储存过的信息的过程。回想可以通过重复来得以强化，一个人回想能力的强弱受到以下几个因素的影响：

①《科学美国人》（Scientific American，Sci Am）是美国的一本科普杂志，始于1845年8月28日，是美国历史最长的的杂志，也是著名的《科学》（Science）的姊妹刊。

- 我们更容易回想起那些我们感兴趣的事情；
- 我们会有选择性地决定需要回想的信息，信息的重要性各不相同，我们会把注意力放在回想那些最重要的信息片段上；
- 将新信息与已知信息相联系有助于回想；
- 大声重复或默念你想记住的信息，也可以换种方式来叙述你想要回想起来的事情；
- 有意义地使用你能回想起的新材料，这会对你之后的回想大有裨益。

辨认是一种能够识别出新材料及其意义的能力。熟悉度是影响辨认的关键因素。辨认的过程大致如此：你觉得与某些信息“似曾相识”，把这些信息以符合逻辑的形式整合为一个整体。在辨认时回想的就是这个整体框架。

记忆是可供提取的。但这样的事情也时有发生，你确信自己知道某件事情，这些信息就在嘴边上，却怎么也回忆不起来。一般来说，我们会牢记需要记住的部分信息，比如只记得一个人的相貌却忘记了他的姓名，记得了名字又忘记了姓氏，只记得一个历史日子但是却记不清相关人物及事件，通常得费一阵工夫才能记起其他信息。以我为例，我时不时地被一个纵横字谜游戏难住，百思不得其解。我通常的做法是，暂时将其搁置，过几个小时后再返回重新看，就会立马想出之前难倒自己的单词。

情景缺失可能是无法识别某人或某事的一个原因。我们经常将一个人与其出现的场景联系起来。你是否也遇到过类似的情景：你遇到一位接孩子放学回家的女士，似曾相识，却又无法将其“对号入座”？结果后来才意识到这就是每天早上为你调制咖啡的咖啡师，并且数月以来你一直在喝她泡的咖啡。这是因为你将她与某一场景（如咖啡馆）关联在一起后，就很难在另一个场景下将其辨认出来。

记忆也要刻意练习

那些“难忘的”名字、日期、地点或事件有何共同特点？事实上它们是迥然不同的。信息的“难忘程度”取决于它们与我们日常经验的相异度（特别之处），这种特别之处有助于大脑从海量信息中挑选出真正想要记住的内容，也有助于转移那些雷同却无用的信息或将其与我们所见所闻的日常信息相区别。

那么，我们当中的有些人是通过什么方式做到对一些名字、符号以及元素周期表上各元素的原子量过目不忘的呢？又是如何做到一边玩常识问答游戏一边将信息记住的呢？因为这些信息已经以某种方式“标记”或“编码”了。对一些人来说，海量的数据几乎都被自动标记了，这样他们可以随心所欲地存储或提取这些数据。然而，如果我们普通人想要拥有超乎寻常的记忆力，就必须额外付出努力，学习如何简化这种“标记”的技巧。

记忆的三种类型：视觉、听觉和感觉

记忆有三种类型，它们分别是视觉记忆、听觉记忆和感觉记忆。三类记忆强弱不一，并且只有前两类与我们的大脑相关。当然，这只是我们对“记忆”这一术语进行的最笼统的概述。调查显示，日常生活中存在着一百多种不同的记忆任务，这会给人们造成困扰，因为每项任务所需要的策略是不同的（即使你已经学会了某种能够轻松记忆100位数字的方法，但也不能保证你从此无须到处寻找随手而放的眼镜了。抱歉，这可能会扫你的兴）。有人已经证实视觉记忆和听觉记忆的运作方式大不相同，甚至连其处理速度也大相径庭。大多数研究显示，视觉记忆比听觉记忆处理速度更快。

我们运用押韵、歌曲、字母替代其他记忆手段用以强化听觉记忆。但是大多数人轻轻松松地就可以提高自己的视觉记忆，这也是为什么很多记忆技巧离不开“记忆图像”形成的缘故。你可以亲自验证一下：将两组信息放在一起——一组含有12个单词，另一组由12幅图片或照片构成，把每组信息学习的时间定为5分钟。三天以后，尝试复述两组信息，我敢保证你记住的图片组的信息量要远远超出单词组。

除了这两种大家耳熟能详的记忆形态，还有第三种记忆：感觉记忆，即通过你的身体感受所产生的记忆。运动员和舞蹈家会对肌肉、关节、肌腱有记忆能力这样的说法颇为认同。通过移动手指头，“记住”拨号方式来记住一个电话号码也证实了感觉记忆的存在。

如果你需要记忆某一个清单，请一边大声喊出清单中的内容，一边移动你身体的某个部分。一个踢踏舞者能够一边跳舞一边记忆其历史课内容，一个棒球投手能够将其每一次挥臂动作与他要记忆的清单联系起来。如果你需要记住一组国家的名字，只需要将每个国家名对应一个具体的身体动作即可。一边大声说出博茨瓦纳（非洲中南部国家），一边举起你的右手；津巴布韦（非洲国家），转动脖子；莱索托（非洲国家），单腿屈膝。举起左手是布基纳法索（西非内陆国家）；马拉维（非洲国家），踢小腿；毛里求斯（非洲国家），甩头发；吉尔吉斯斯坦（中亚内陆国家），摸你的右大脚趾；哈萨克斯坦（中亚内陆国家），摸你的左大脚趾；塔吉克斯坦（中亚国家），弯左手小手指；图尔曼斯坦（中亚国家），弯右手小手指。

当你需要记起这组国家的名字的时候，就开始动起来吧！这看起来可能有些奇怪，尤其是当你的动作看起来过于独特或引人注目时更是如此。但这些都是为了自己能够更好的记忆，所以又何妨呢？（如果你觉得在众目睽睽之下莫名其妙地旋转身体非常难为情的话，可以尝试大声地说出你想要记住的事情："我要关上火炉。""我把车停在了R15区。""我把我的眼镜放在了文件柜顶上了。"）

你永远不知道什么时候你也会像《追忆似水年华》中的马赛尔·普鲁斯特那样，仅仅凭借很久之前体验过的味觉（嗅觉、视觉、听觉或者触觉）就可以唤醒被"遗忘"的记忆，且一发不可收拾："毋容置疑，我心灵深处的每一次悸动一定是一个画面，一段视觉记忆，连同味觉一起，构成了我的显意识。"他能回忆起儿时的花园、房屋、教堂、城镇广场、街道以及乡间小路，皆是因为品尝了一块用茶水泡过的饼干。

我们为何如此健忘

在你思考记忆力的诸多影响因素时，你也可以用它们来解释我们为什么会忘记。记忆力的差异归根结底是由如下原因造成的：

- 我们无法让材料变得有意义；
- 我们没有抓住应该记忆的部分；
- 我们没有记忆的欲望；
- 我们无法把我们想要记住的信息与我们已知的信息联系起来；
- 我们无法使我们的文字或视觉的标签生动、与众不同，甚至是匪夷所思或粗俗不堪，因为这样记忆起来会更容易些；
- 我们没有使用已经掌握的知识。

请你在阅读接下来的各章节内容时，尽情发挥你的想象力和创造力吧！这是你学习每一项记忆技巧的基础。赋予随机无序的信息以系统的结构，让毫无意义的信息变得更加有意义，才能使那些容易遗忘的东西变得难以忘记。

CHAPTER

2

测试：找到你的“记忆起点”

本章包含一系列测试，这能帮助你判断出自己的“记忆起点”，即你当前的记忆水平。你不必感到紧张，每项测试的“分数”只是为了让你在学习了这本书中所讲述的多种记忆技巧之后，与第十一章的测试结果相比，用以检测你的记忆力是否有所改进。

测试1：数字速记

观察以下数字，时间不要超过两分钟。然后盖住这一页（或者，最好合上书并把它放在一边），尽可能多地把这些数字写下来，一定要按照顺序。

0399512157114309104125 1

测试2：常用单词速记

记忆以下单词，时间不要超过两分钟，然后盖住这一页并尽量多地重新默写出来（若能按正确顺序写出这些单词是非常值得点赞的）。

短裙	胡子
管道	雪茄

汽车	玻璃
铁锹	椅子
雨伞	火炉
雏菊	电视
火箭	汤匙
骨头	老虎
大号	杂志
黄油	天空

测试3：不常见英语单词速记

以下清单包含了十五组晦涩难懂的单词及其含义。用三分钟时间记忆这些内容，然后另外取出一张纸，尽可能多地把自己记住的东西写下来。默写的顺序并不重要。完成此次测试请不要超过三分钟。

discalced（赤脚的）	barefoot（光着脚的）
soporific（催眠的）	sleep or drowsy（困倦的或昏昏欲睡的）
claque（捧场者）	a group hired to applaud an act or performer（演出时雇来鼓掌的一帮人）
damson（西洋李子）	thumb（一种小的深蓝色李子）
pollex（拇指）	thumb（大拇指）
eristic（争论的）	pertaining to controversy（与争辩相关的）
leman（情人）	mistress（情妇）
imprest（预付款）	a loan（一种贷款）

costard（大苹果）	a large, English variety of apple（一种大的英国产苹果）
valgus（外翻足）	bow-legged（罗圈腿的）
thistly（有刺的）	troublesome（棘手的）
horripilation（鹅皮）	goosebumps（鸡皮疙瘩）
edentulous（缺齿的）	toothless（没有牙齿的）
tiffin（简餐）	a light lunch（简便的午餐）
lowery（阴霾的）	dark, threatening（黑暗的，天气不好的）

测试4：非英语单词速记

观察以下15组德语单词及其中、英文解释。用三分钟时间记忆，然后拿出一张纸，尽可能多地把这些单词及含义写下来。默写的顺序并不重要。完成此次测试请不要超过六分钟。

德语	中文解释	英文解释
Esel	驴	donkey
Rezept	处方	prescription
Holz	木材	wood
Nebel	雾	fog
Teich	池塘	pond
Zahn	牙齿	tooth
Dorf	乡村	village
Klavier	钢琴	piano

德语	中文解释	英文解释
Obst	水果	fruit
Tuch	方巾	kerchief
Augriff	攻击	attack
Schrei	尖叫	scream
Wissen	知识	knowledge
Geflugel	家禽	poultry
Pilz	蘑菇	mushroom

测试5：姓名速记

给自己三分钟时间，记忆以下美国总统和副总统的姓名组合，然后再用三分钟时间，尽可能多地写下你所记住的内容。默写的顺序并不重要，正确的组合才是重要的。

托马斯·杰斐逊/乔治·克林顿

马丁·范布伦/理查德·约翰逊

尤利西斯·辛普森·格兰特/斯凯勒·科尔法克斯

哈里·杜鲁门/艾尔本·巴克利

詹姆斯·门罗/丹尼尔·汤普金斯

詹姆斯·波尔克/乔治·达拉斯

安德鲁·杰克逊/约翰·卡德威尔·卡尔霍恩

富兰克林·皮尔斯/威廉·金

詹姆斯·布坎南/约翰·卡贝尔·布雷肯里奇

格罗弗·克利夫兰/托马斯·亨德里克斯

测试6：历史文化资料速记

给自己三分钟时间来记忆以下美国内战中各战役的名称及日期，然后再用三分钟时间尽量多地写下你所记住的内容。默写的顺序并不重要，正确的组合才是重要的。

1863年5月12日	雷蒙德之役
1861年11月7日	贝尔蒙之役
1862年5月25日	温彻斯特之役
1862年9月14日	南山战役
1863年7月1日	盖茨堡之役
1861年4月12日	萨姆特堡战役
1862年6月25日	七日之战
1862年3月8日	豌豆岭战役
1861年10月9日	圣罗萨岛战役
1863年9月18日	奇克莫加战役

以下是在五个不同的年份中，入围普利策戏剧奖的选手名单（并非最终获奖者）。同样地，给自己三分钟时间记忆下列戏剧的名称、剧作家的姓名及日期，然后再用三分钟时间尽可能多地写下你所记住的内容。默写的顺序并不重要，将正确的日期以及正确的戏剧和剧作家对应起来才是至关重要的。

2003	《执子之手》	理查德·格林伯格
	《山羊或谁是西尔维亚》	爱德华·艾尔比

1996《公正之国》	强・罗宾・贝兹
《古老的邪恶之歌》	强・马朗
1984《爱情傻瓜》	山姆・谢普
《绘画教堂》	蒂娜・豪
2014《欢乐之家》	丽萨・克朗
	简宁・泰索里
《沃森智能（奇案）》	马德琳・乔治
1987《丛林漫步》	李・布莱辛
《谁伴我一生》	尼尔・西蒙

测试7：清单速记

观察下面的州名和各自的州花。同样地，你有三分钟时间来记忆这些组合，然后再用三分钟时间尽可能多地写下你所记住的内容。顺序不重要。

纽约	玫瑰
弗蒙特州	红色三叶草
马里兰州	黑眼苏珊花
路易斯安娜州	木兰花
堪萨斯州	太阳花
内华达州	一串红
伊利诺斯州	紫罗兰
田纳西州	鸢尾花

纽约	玫瑰
怀俄明州	火焰草
阿肯色州	苹果花
密苏里州	山楂树
犹他州	美莲草

测试8：阅读速记

按照你平时阅读的速度阅读下面的文章，然后回答问题。

大脑细分为四个区域。从上到下，依次是：（1）大脑皮层，即我之前提到过的皮质层；（2）中脑，它包含许多交换领域，神经们可以从这些区域中自上而下进出皮质层；（3）脑干，许多基本的神经系统控制都位于这里（如果这里出故障会导致人昏迷，严重时会导致死亡）；（4）小脑，位于脑干的上半部分之后，传统上认为它控制着复杂运动的协调性。

大脑皮层是大脑中最新进化的区域，它也是人类区别于其他任何哺乳动物的关键部分。尤为值得一提的是位于大脑皮层前面的区域，通常被称为额叶皮层。这部分充当桥梁的作用，把其他皮层的感官和运动回路与大脑边缘系统中控制冲动和感情的旧皮层结构和深层次结构连接起来，我们大部分复杂及抽象的想法可能都出自于额叶皮层。也可能就是在这里，我们将今天与昨天以及明天相互联系起来。当额叶皮层受到损害时，我们会变得要么如野兽般亢奋或性欲旺盛（因为缺失了逻辑环节，我们无法控制自己），要么变得异常温顺或对什么事情都提不起兴趣。

控制感官和运动区域的皮层位于额叶皮层之后，每一个区域与人体对侧的某个特定部分相对应。额叶皮层的边缘有两个突起的皮质突触，被称为颞叶，大部分与声音和言语信息相关的处理都在这里进行。这里面有一个更深层次的边缘系统称为海马体，海马体扮演着中转站的角色，当信息从感官输入移动到大脑其他区域时，海马体从中进行协调。

枕叶皮质位于大脑皮层后端，大部分关于视觉信息的处理在这里进行，颞角上方这一侧的其他区域构成了顶叶皮层。通常认为，这些区域是不同的感觉结构之间发生交叉连接的地方。当顶叶皮层的右半部分遭到损坏的时候，人体就会产生十分离奇的认知和反应，比如你会无视身体的一边，因为你已然把它当成了一个陌生人。

边缘系统由海马体构成，胼胝体内侧半部的皮层边缘称为扣带回皮层。额叶前部有两个杏仁状的顶端，都被称为杏仁体。这套结构与佛洛伊德所提出的“本我”的概念最为相关，即情感和兽性驱动的所在地。它是进化过程中比较古老的皮质区域，当然它与记忆也是息息相关的。

当皮质受到损害时，就会发生离奇的事情（奥利佛·萨克斯有一本非常著名的书，书名是《错把妻子当作帽子的丈夫》，就是以此主题为题材的）。这就意味着，当你以一个独立个体的身份与其他人进行互动时，这完全取决于所有这些神经区域的复杂及精确的反应，我认为这一点尤其引人入胜，它表明，你的个体身份不是仅仅取决于你身体中的精神，它也受制于你的神经系统。

1. 大脑中的哪一部分对大部分的视觉信息进行处理？
2. 什么是颞叶？
3. 当脑干出现故障时会发生什么？
4. 大脑中哪个区域是最新进化而成的？
5. 大脑细分的主要领域包括哪些？

在这些测试中，你是否在某些测试中比在其他测试中表现得更好？你是否在数字方面（测试1）是个能手，但却在记忆日期方面表现欠佳（测试6）？你会不会很容易就能记住杂货店和待办事项列表（测试2），但却怎么也记不住姓名（测试5）？

通过这些结果你可以得知你距离成功回忆起你现在正在遗忘的内容还差多远，同时，它也能提供一个基准，以便在你完成最后一章中类似的测试时，通过对比得知自己进步了多少。

强调这些测试的重要性绝非信口开河，它们和你将要通过本册书学习到的技能是相一致的：记忆连锁信息（例如总统/副总统以及普利策奖的配对组合）、培养数字敏感度、记忆你阅读过的内容、更好地掌握词汇。

具体来说，一旦你掌握了第八章和第九章的内容，记住随机的数字（如测试1中所示）就会变得容易得多。这些章节同样会有助于你精通历史日期及事件（如测试6中所示），并且也会教给你一个按次序记忆任何清单的系统规则。

第三章和第四章会向你提供各种各样的技巧来记忆任何随机的单

词列表（如测试2所示）或配对清单（如测试5和测试7所示）。第五章中的内容也会对通过这些测试有所帮助，并且能提高你将所记住的姓名与正确的面孔相匹配的能力。

第六章和第七章能帮助你记住更多阅读过的内容，而且能提高你记忆生僻英文单词以及完全陌生的外语单词的能力（如测试3和测试4所示）。

现在，让我们开始学习如何提高我们的记忆力吧！

CHAPTER

3

基本技巧：4种广泛应用的记忆法

记忆或许不受意志控制，或许会沉寂长眠，但只要施以恰当的影响并激活，哪怕这种影响像影子一样轻微，记忆都会立刻血肉成体、整装待发。

——约翰·缪尔[①]

① 约翰·缪尔（John Muir，183—1914），早期环保运动的领袖。他的大自然探险文字，包括随笔、专著，特别是关于加利福尼亚的内华达山脉，被广为流传。缪尔创建了美国最重要的环保组织塞拉俱乐部（the Sierra Club）。

所谓记忆法是指能够帮助你记住数字、名字、相貌、购物清单或其他任何事情的技巧或体系，无论你是钟情于缩略词、短语、联想、关联、故事、韵律、声音之类的，还是其他的技巧。如前所述，大脑喜欢秩序和结构，各种记忆法正是因为能赋予无序的材料以特定的秩序和结构，才得以帮助人们记忆的。

在上一章中，我们知道记忆以视觉、听觉、感觉这三种形式存在，同样，记忆法也是基于这三种形式构建，一般常用的记忆法大多基于听觉（语言）或视觉，本章将介绍的4种简单记忆法即是如此。

缩略词记忆法

词语记忆法是最简单且最为人熟知的记忆法，其最简单的方式就是通过将需要记忆的词汇首字母组成一个新的“缩略词”来记忆更多的其他名词、概念或其他事物。例如，我们能借助记住“HOMES”这个缩略词来记住五大湖，“H”代表休伦湖（Huron），“O”代表安大略湖（Ontario），“M”代表密歇根湖（Michigan），“E”代表埃里克湖（Eric）以及“S”代表苏必利尔湖（Superior）。

也许，在日常生活中有许多缩略词因为特别为人熟知、朗朗上口，以至于我们大多数人都已经不记得或根本不知道它们最初代表的意思是什么。我们或许知道“IBM”的全称是“国际商用机器公司”，或者“SAT”代表“学术能力评估测试”。然而，我们也许会谈论到斯库巴潜水，却不知道“斯库巴（SCUBA）”是“自持式水下呼吸器”的首字母缩写，又或者玩激光标签却不知道“激光（LASER）”的全称是“由刺激产生幅射而强化的光”。为了在交流中避免这些拗口的全称，创造出这些缩略词无疑是非常必要的。你是更喜欢说“去宜家（IKEA）”，还是喜欢说“去Ingvar Kamprad Elmtaryd Agunnaryd”（其实这才是这家瑞典家具公司的真实名称）呢？

我们要想弄清楚一个缩略词的含义，就需要结合具体的语境来理解。企业家们都知道“EBIDTA”代表“息税折旧及摊销前盈利”，但这个缩略词同时还有许多其他的涵义，其中包括“象山灌溉区”、“电子束诱导沉积”等。甚至有些缩略词或许词不达意，比如“CREEP”的全称就是“理查德·尼克松连任总统委员会”。但在医学领域，一些看起来词不达意的缩略词却应用广泛，且非常有效。比如，风湿热的琼斯标准可以用两种方式来记忆：一是“SPACE”（太空），其中“S”代表“皮下结节”（Subcutaneous nodules），“P”代表“全心炎”（Pancarditis），“A”代表“关节炎”（Arthritis），“C”代表“舞蹈症”（Chorea），“E”代表“边缘性红斑”（Erythema marginatum）；二是“CANCER”（癌症），其中“C”代表“舞蹈症”（Chorea），“A”代表“关节炎”（Arthritis），“N”代表“结节”（Nodules），“C”代表“心肌炎”（Carditis），“E”代表“边缘性红斑”（Erythema marginatum）以及“R”代表“风湿热”（Rheumatic fever）。不过，一般而言，创造了一些“毫无意义”的缩略词对于提升记忆同样意义不大。例如用“ROY G. BIV”（罗伊是牛免疫缺陷样病毒）来记忆从左到右的光谱颜色顺序（红Red，橙Orange，黄Yellow，绿Green，蓝Blue，靛Indigo，紫Violet）就效果欠佳，因为，人们可能以为“ROYGBIV”的意思是“约克的理查德无功作战”（Richard Of York Gave Battle In Vain）。

助记词记忆法

一般而言，需要记忆的词汇首字母能够直接组成一个有意义的特定缩略词的情况仅是少数。因此，我们还可以用那些词汇首字母新创一个“助记词”，并将之组成短语，这就是助记词记忆法。想要这些便于记忆，就要发挥你的想象力，应当使之符合语言思维习惯，比如，通过记住“有些人讨厌吃洋葱”（Some Men Hate Eating Onions）来从西向东排列五大湖名称。那么，如果你需要记住太阳系中各大行星的名称：水星（Mercury），金星（Venus），地球（Earth），火星（Mars），木星（Jupiter），土星（Saturn），天王星（Uranus），海王星（Neptune），就要尽情地发挥自己的想象力：

我纯洁的耳朵可能只是踩在裸体主义者身上

My Virgin Ears Might Just Step Upon Nudists

许多素食者吃老鼠，却只向我们展示睡衣

Many Vegans Eat Mice, Just Show Us Nighties

我非常有教养的母亲用耐克比武

My Very Educated Mother Jousts Using Nikes

我相信你可以做得比这更好。只要你保证所创造的新短语能让自已印象深刻，它可以是出乎意料的、奇形怪状的、不合常理的，也可以是黄暴庸俗的，毕竟其目的只是为了能够记住它。

尚在求学的学生可能会自己创造一些短语来帮助记忆知识点，尤其是医学生往往使用大量助记词，来记忆必须掌握关于解剖学、疾病迹象、身体机能等相关内容。同样，你可以通过借鉴前人使用的助记词，或创造一些对你而言不易忘记的新词，来构建你自己的助记词库。比如：

和小拇指道别之后，大拇指回到了家

So Long To Pinky, The Thumb Came Home

这句话表示：腕骨包括肩胛骨（Scaphoid）、月骨（Lunate）、三角骨（Triquetrum）、豌豆骨（Pisiform）、梯形骨（Trapezium）、梯形骨（Trapezoid）、头状骨（Capitates）、钩骨（Hamate）。

再比如：

古筝咬了我的车

The Zither Bit My Car

这句话表示：面部神经的分支包括颞（Temporal）、颧（Zygomatic）、颊（Buccal）、下颌（Mandibular）、颈（Cervical）。

以及：

臀部脂肪馅饼给我的猪绑上了旗子

Hip Fat Patty Tied Flags To My Pig

这句话表示：腿骨包括髋关节（Hip）、股骨（Femur）、髌骨

（Patella）、胫骨（Tibia）、腓骨（Fibula）、跗骨（Tarsals）、跖骨（Metatarsals）、趾骨（Phalanges）。

当然，诸如此类的“助记词”并不能完全代替学习，除非你对相关知识非常熟悉，否则你可能想不起来这些词语的首字母所代表的专业词汇。

链条记忆法

在日常生活中，我们常有这样的体会：当你把需要记住的东西与你已经熟知的东西相关联，记忆力似乎能达到最佳效果。链条记忆法的核心就是如此，即将不熟悉的事物与熟悉的事物相关联。通过使用发音相近的词汇进行转换，陌生的事物可以被想象成为你所熟悉的画面。比如，你想要记住美国50个州名和首府，你能想象出桃汁顺着你的朋友乔治（或华盛顿或克鲁尼）的脸流下来的样子吗？那你就不会忘记佐治亚州就是桃州。你的朋友德拉穿（Della wearing）的是什么衣服（特拉华Delaware）？我会问她（ask her）（阿拉斯加Aliska）。其他的州名也同样简单：“你在这啊！（You there）”（犹他Utah），披萨草（oregano）（俄勒冈Oregon）；“为什么啊我”（Why oh me）（怀俄明Wyoming），“我好吗？（How are I）”（夏威夷Hawaii），诸如此类。

此外，你对这些州名越熟悉，对每一个音节对应的相似词的需要就越少。“哪里”（where）或者“穿着”（wear）是否会让你想起“特拉华州”（Delaware）？“问”（ask）是否会让你想起“阿拉斯加”（Alaska）？或者，帝国大厦（或自由女神像）、迪斯尼世界和亚伯拉罕·林肯或许就是你能记住纽约、佛罗里达和伊利诺斯州的全部所需信息。一旦谙熟了想象谐音词的方法，你就能轻松地创建出一个“链条”来记忆一系列的项目，无论是将历史课上的日期与历史事件相联系（或是避免忘记侄女的生日），还是科学术语及它们的意义相对应，又或者记忆其他任何能够相互关联的事实。

你可以参考如下州名及州花列表来创建自己的“记忆链条”：

弗蒙特州	红色三叶草
马里兰州	黑眼苏珊花
路易斯安娜州	木兰花
堪萨斯州	太阳花
内华达州	一串红
伊利诺斯州	紫罗兰
田纳西州	鸢尾花
怀俄明州	火焰草
阿肯色州	苹果花
密苏里州	山楂树
犹他州	美莲草

同时，你可以综合运用本章前面所讲的几种方法来进行记忆。当你想象出的记忆链条越直观，你的画面越有创意和充满想象力，也就会越容易记住它们。或许你已经发现本节所使用的这个清单来自于上一章的小测验，祝贺你，你的记忆力已经有了提高！

其实，记忆一个像这样的短清单，只需稍加练习，对任何人来说都不是什么难题。但是如果你需要记忆更长的清单，仅仅靠简单的关联或许就没有那么容易了，解决方法就是下节所介绍的“故事记忆法”。

故事记忆法

如果，你能将自己所想象的画面编入到一个故事中，那么你就可以短时间内记住更多。例如，法国革命历中的十二个月分别是，雾月（Brumaire）、花月（Floréal）、霜月（Frimaire）、果月（Fructidor）、芽月（Germinal）、获月（Messidor）、雪月（Nivôse）、雨月（Pluviôse）、牧月（Prairial）、热月（Thermidor）、葡月（Vendémaire）、风月（Ventôse）。我就可以编造一个故事来记忆这个清单，并且能够保证用使用的“关联词”与各月份名称的准确读音非常接近：

> 有一只大扫帚（broom）穿过空气扫过一片花丛（flowers）（雾月Brumaire、花月Floréal）。突然，扫帚变成了一个煎锅（frying pan），仍然在空中飞行（霜月Frimaire）。一堆水果（fruit）从门（door）里飞了出去（果月Fructidor），跟着我的朋友艾尔（Al）和他的德国（German）牧羊犬（芽月Germinal）。“你把门弄得一团乱（messy door）”，他喊道（获月Messidor），但我一直在做我的法式尼斯（Niçois）沙拉（雪月Nivôse）。“拜托（Please）”，我笑道，“别吵”（雨月Pluviôse）。艾尔把我推到祈祷栏杆（prayer rail）（牧月Prairial）上，请求从飞在空中的自动售货机（vending）（葡月Vendémaire）里买些赛美多龙虾（Thermidor）（热月Thermidor）。“给我的脚趾（toes）开个通风口（vent）吧！”（风月Ventôse），他喊道。

通读几遍我的故事后（即使在你脑海中或许有更好的版本），然后放下这本书，写出这些月份。非常简单，也非常神奇吧！

此外，还有另外一些清单可供你尝试训练自己的想象力。

运输方式

牛	火箭
游艇	出租车
厢式货车	齐柏林飞艇
轮渡	公共汽车
飞机	滑翔机
独木舟	汽车
驴	轿子
单人划子	卡车

苏美尔人的女神及其影响范围

宁卡希	酒精
厄里斯克革	地狱
希尔迪尔	羊群
那姆	海洋
阿马	繁殖
内尔伽勒	空气
古拉	医学
伊南娜	爱
尼达巴	学习
达姆金娜	土地
宁伽尔	芦苇
阿什南	谷物
宁胡尔萨格	出生

语言及其应用的国家

毛利语	新西兰
特佩斯语	加纳
富尔语	乍得
立沃尼亚语	拉脱维亚
曼丁哥语	马里
皮皮尔语	圣萨尔瓦多
阿丹各比语	多哥
辛巴语	加蓬
查莫罗语	关岛
达尔卡里田语	瑞典
谢那语	津巴布韦
托克皮辛语	巴布亚新几内亚
科伊科伊语	纳米比亚

显而易见，你似乎不必去弄懂你在努力记住的这些东西，甚至不需知道这些晦涩的单词的准确发音方式。原因就是当你使用类似技巧时，你会绞尽脑汁地思考。当你一遍又一遍地让自己重复记忆一个列表的内容，并试图建立“记忆链条”时，你只用到了三种能力：视力、言语以及听力；而创作一个如前文所述的那些视觉化故事时，还会激活你的想象力，这或许正是你大脑中最强大的能力。当你能够在短时间内（不超过五分钟）想象一组画面来记忆类似前文的清单内容，并能够较长时间（超过一天）记住它们时，你就已经出色地掌握了这项强大的记忆技巧。但是，千万不要幻想你能在一天内达到这种程度，

熟悉这种技巧也需要一段时间。尤其当列表越不常见、越生僻、越冗长时，你开始创作助记故事的耗时就会越长。

不过，这个方法的作用同样显著，其对于记忆毫无逻辑顺序的列表（世界各地的首都、古代的君王、神及女神、语言等）尤其有效，因为你的故事赋予了这些列表以独特的逻辑结构性。与此同时，这一方法同样适用于记忆已经互相有联系的条目组成的列表，比如，总统和副总统、作者和作品、十诫、美国宪法的修正案、《圣经》的某一部分、导演及其电影等。

总之，要熟练使用链条记忆法或故事记忆法，你需要注意以下几点：

- 尽可能地，让你构建的链接场景不同寻常。如果你要把“叉子”和“麦片”连在一起，那么想象一个麦片盒子在用叉子吃东西，就比仅仅把一碗麦片中的勺子换成叉子，效果要更好一些。

- 让你的想象更加夸张：一个像宽大长罩衣一样大的船，一个真正的大苹果（纽约城），一个3英尺宽的笑容。它们越是离谱、荒谬、可笑，你就越能记住它们。我已经尽力避免限制级的图像和故事了，但如果你的大脑倾向于这个方向，那些图像肯定会非常令人难忘的。

- 具体的事例和图像比相对抽象的来说更容易被记住。一根棒球棒比“运动能力”更容易想象。同样的，一个亮着的灯泡比“想法”更容易记住。

- 不要想象一个物体就待在那里，让它做些什么（越夸张越好）。一把扫帚在扫一只狗，一张桌子在一只猫背上吃饭，一台电视机在哭泣。

- 幻想出一个引起情绪激烈反应的场景：快乐、悲伤、身体疼痛，随便什么都可以。

- 对学龄前儿童和一二年级的学生来说，许多课程都是用韵文编写的。如果这对孩子们有用，对你也应该有用，对吧？所以，如果你本质是个俏皮的人，不管有多折磨，你都可以随意地构建出任何对你有用的东西。

- 随便创建出属于你自己的缩略词来记忆任何你想记的东西。

或许你会觉得，这些似乎都不会让你的生活更容易。我知道想出谐音词、记忆链条、记忆画面以及用它们构建夸张的场景，听起来似乎是很大的工作量。但是相信我，如果你开始在日常中实践这些方法，它们将会变成第二天性，并会使所有记住某个清单的事都变得轻而易举。另一方面，本章介绍的这些基本记忆技巧，在记忆包含10个或15个条目以上的故事时，就显得有些力不从心了，再继续记住这个有时会略显冗长的故事时，记忆的难度会随着内容的增加而大大提高。在第四章中，我们会通过介绍一些高阶方法（如“字母记忆法”）来帮助解决这个问题，也会向大家毫无保留地介绍我最喜欢的“宫殿记忆法”，通过足够的联系，它们或许能够帮你应对所有需要记忆的东西。在第八章中，我们将学习关于数字的记忆技巧，这些方法能够帮助你以所有你需要的顺序来记住那些抽象的数字。

CHAPTER

4

高阶技巧：字母记忆法和宫殿记忆法

满世界都是封闭的房间，有钥匙的人便是国王。

——《神探夏洛克》莫瑞阿蒂

字母记忆档案表

这里有种方法可以轻易地帮你将所能记忆的条目增加到26项，就像记住26个英文字母那样简单。只需要你把一系列的词语和图片与英文字母相联系，然后将其与你想要记住的条目匹配起来就可以了。

如下是你可能会用到的一系列图片以及一些可能的替代图片。

A　Ape 猿猴（Ace 黑桃，Ax 斧头，Awl 锥子）

B　Bear 熊（Bee 蜜蜂，Bicycle 自行车，Boat 船，Box 箱子，Beer 啤酒）

C　Cigar 雪茄（Computer 电脑，Candle 蜡烛，Car 汽车，Sea 大海）

D　Dinosaur 恐龙（Drum 鼓，Diamond 钻石，Daisy 雏菊，Dean 院长）

E　Ear 耳朵（Eye 眼睛，Eel 鳗鱼）

F　Football 足球（Fire 火，Foil 箔，Freighter 货船）

G　Girl 女孩（Goose 鹅，Grass 草，Golf 高尔夫，Guitar 吉他）

H　House 房子（Hive 蜂巢，Heaven 天堂，Hip 臀部，Hell 地狱，Ham火腿）

I　Iron Man 钢铁侠（Ivy 常春藤，Iron铁，Eye 眼睛，Igloo 圆顶建筑）

J　Jam 果酱（Jar 罐，Jetty 码头，Jail 监狱）

K　Kitty 小猫（Kite 风筝，Knight 骑士，Cab 出租汽车，Kumquat 金橘）

L　Leaf 叶子（Lemon 柠檬，Leg 腿，Llama 美洲驼）

M　Mom 妈妈（Man 男人，Metal 金属）

N　Nose 鼻子（Nun 修女，[K]not 结，[K]nee 膝盖，Noodle 面条）

O　Oar 桨（Oven 炉子，Oxen 牛，Owl 猫头鹰）

P　Pie 派，馅饼（Pipe 管道，Pope 罗马教皇，Pot 壶，Peel 皮）

Q　Queen 女王（Quill 大翎毛，Quail 鹌鹑）

R　Rose 玫瑰（River 河流，Racer 比赛者，Robber 强盗，Rope 绳索）

S　Soap 肥皂（Stop sign 停车标识，Soup 汤，Stump 树桩，Saxophone 萨克斯管）

T　Toe 脚趾（Tattoo 文身，Tea 茶，Tomato 西红柿，Tornedo 龙卷风）

U　Umbrella 伞（Uzi 乌兹冲锋枪）

V　Vampire 吸血鬼（Venus 金星，Vine 藤，Vein 叶脉，Vane 叶片）

W　Witch 女巫（Wheel 车轮，Wagon 货车，Wino 酒鬼）

X　X–ray X 射线（X–Man X 战警）

Y　Yoyo 悠悠球（Yoga 瑜伽，Yogurt 酸奶）

Z　Zebra 斑马（Zoo 动物园）

建立字母记忆表并无特殊法则。当然，可以从最简单的做起，需要确保你最初的单词为字母表中的相关字母对应的单词，如A-Ape（猿猴）、L-Leaf（叶子）、S-Soup（汤）等。也许你会对“Eye”另眼相看，因为它在英语中的发音与“I”相同，或者用“Sea”作为C组的代表（因为在英语中Sea的发音与字母C相同）。有些人不会使用首字母打头的单词，他们更习惯用押韵的方式，因此他们的字母表可能会用“Ham”或者“Hem”来作为M组的代表词，等等。如果这对你奏效，那就采用押韵的方式吧。

你需要找到更方便自己记忆的单词。对于运动员而言，足球（F-Football）、高尔夫（G-Golf）等词汇更容易记忆，而一位音乐家可能会更倾向于鼓（D-Drum）、吉他（G-Guitar）和萨克斯管（S-Saxophone）等词汇。

你可以尝试从同一类事物中选取单词设计你的记忆表，例如音乐器材、体育等。吃货们可能会选择肉（牛肉、猪肉、牛仔肉、香肠、意大利腊香肠等）、水果（苹果、大枣、无花果、青柠、橙子、橘子、金橘等）、蔬菜（羽衣甘蓝、豆子、茄子等）制作属于他们自己的美食列表。

一位旅行家朋友的单词记忆表全部由她到访过的地名、地标，甚至是她喜欢的餐厅和博物馆名称组成，这种与她那些难忘的经历关联起来的方法棒极了。

一个爱好电影的朋友用他喜爱的明星或他们扮演的角色来组成他自己的字母列表：Beyonce碧昂斯（美国女歌手）代表字母B，Cher雪儿（美国女演员及歌手）代表字母C，Jim Carrey金·凯瑞（美国男演员，《楚门的世界》中饰演主角楚门）代表字母J，如此等等。由于他能迅速在脑海中勾勒出这些面孔，所以创建他自己个性化的单词记忆表也就不费吹灰之力了。

有了这个单词记忆列表之后呢？来看看今天你要完成的这十件事情：

驾车出门；

去洗衣店取衣服；

去超市买牛奶和奶酪；

给张三写一封感谢信；

给侄女买生日礼物；

取信件；

叫外卖（比萨）；

到商场退换衬衣；

去肯德基买盒蛋挞；

给妈妈打电话。

现在，你可以试试用下面的方式来记住这些事情：

一只**猿猴**（Ape）正在**驾驶着你的车（A.** 驾车出门），一只**熊**（Bear）坐在副驾驶座上，怀里还抱着**一堆脏衣服（B.** 去洗衣店取衣服）。在他们面前有一台**电脑**（Computer），屏幕显示的画面是一只拿着**牛奶和奶酪（C.** 去超市买牛奶和奶酪）的**恐龙**（Dinosaur）在**写信（D.** 给张三写一封感谢信），这只恐龙站在一只被**生日（E.** 给侄女买生日礼物）信封裹着的不断蠕动的**鳗鱼**（Eel）身上，突然**信封（F.** 取信件）**着火**（Fire）了。在天空上方，一只身着**火腿**（Ham）**衬衣**（H. 到商场退换衬衣）的**鹅**（Goose）背着一个**比萨**（G. 叫比萨外卖）飞过。紧接着，一个由**蛋挞**（I. 去肯德基买盒蛋挞）组成的**圆顶建筑**（Igloo）出现在画面中。你的**妈妈**（J. 给妈妈打电话）正站在这所**监狱**（Jail）的唯一的小窗口前向外凝望。

我只花费了约一分钟的时间来编造这个故事。或许，你可以尝试在此基础上对这个故事进行改编，让画面和情节更加生动有趣。你会惊喜地发现，这个"故事"远比你想象的难忘!

美国现役或退役军人会对运用服役期间学到的字母表更得心应手，越战以来，美军的字母表如下：

Alpha（希腊语的第一个字母）

Bravo（喝彩，好极了）

Charlie（查理）

Delta（希腊语的第四个字母）

Echo（回音）

Foxtrot（狐步舞）

Golf（高尔夫）

Hotel（旅馆）

India（印度）

Juliett（朱丽叶）

Kilo（千克）

Lima（利马，秘鲁首都）

Mike（麦克风）

November（十一月）

Oscar（奥斯卡）

Papa（爸爸）

Quebec（魁北克，加拿大港市省名）

Romeo（罗密欧）

Sierra（山脊）

Tango（探戈）

Uniform（制服）

Victor（胜利者）

Whiskey（威士忌酒）

X-ray（X射线）

Yankee（美国佬）

Zulu（祖鲁人）

虽然其中有些词画面感很强（如Foxtrot狐步舞、Golf高尔夫、Hotel旅馆等），但对我个人来讲，还是在使用Quebec、Alpha和Echo等词时仍非常不顺手。参加朝鲜战争的退伍老兵学到的可能就是如下这个当时海军中广泛流传的版本：

Able（能够）

Baker（面包师）

Charlie（查理）

Dog（狗）

Easy（容易）

Fox（狐狸）

George（乔治）

How（怎样）

Item（项目）

Jig（吉格舞）

King（国王）

Love（爱）

Mike（麦克风）

Nan（奶奶）

Oboe（双簧管）

Queen（女王）

Roger（罗杰）

Sugar（糖）

Tare（杂草）

Uncle（叔叔）

Victor（胜利者）

William（威廉）

X-ray（X射线）

Yoke（轭）

Zebra（斑马）

你对自己的字母记忆表用的越得心应手，建立的关联画面越难忘，你就越容易记住多达26个项目的列表。

神奇的“记忆宫殿”

记忆宫殿，或称位置记忆法（Method of Loci），是一种古老的记忆术，至今已有两千五百年的历史。希腊和罗马的哲人政客们，如古罗马政治家西塞罗（Cicero）等，正是使用记忆宫殿来帮助记忆的，BBC热播电视剧《神探夏洛克》中本尼迪克特・康伯巴奇（Benedict Cumberbatch）饰演的夏洛克・福尔摩斯正是用“记忆宫殿”来储存海量信息的。

那么该如何建造属于自己的“记忆宫殿”呢？

比如，从我家车库到房子大门共有12个位点，分别是：

车库外，左手边的路灯，我们记为“记忆柱（1）”；右手边的路灯，我们记为“记忆柱（2）”；路灯旁边的邮箱，我们记为“记忆柱（3）”；这时右手边有一棵树，我们记为“记忆柱（4）”；当我走进院子时，院子里有三个花盆，第一个花盆在左手边，我们记为“记忆柱（5）”；第二个花盆在右手边，我们记为“记忆柱（6）”；第三个花盆也在左手边，我们记为“记忆柱（7）”；然后我到达了门前台阶，那里挂着两个门灯，左手边的门灯，我们记为“记忆柱（8）”；右手边的门灯，我们记为“记忆柱（9）”；走上台阶，大门口放着两个花瓶，左手边的花瓶，我们记为“记忆柱（10）”；右手边的花瓶，我们记为“记忆柱（11）”；大门，我们记为“记忆柱（12）”。

来看看下午要去超市购买哪些东西吧：面包（1）坐在左边的路灯上，鸡蛋（2）汁正从右边的路灯上流下来。电池（3）正从我的邮箱中往外涌，一只鸡（4）正从树下大摇大摆地经过。第一个花盆里长着生菜（5），牛奶（6）从第二个花盆里喷射出来，一个渗滤式咖啡壶（7）在第三个花盆中滤煮咖啡。

我非常熟悉这条路径及其12个记忆柱，这样一来，我所要做的就是把我所需记忆的事物，如某些工作步骤、购物清单或某些杂事等与这12个记忆柱相结合。

实际上这些画面几乎没有花多少时间就可以在我的脑海中留下印象。记忆起来如此简单，我再也不需要麻烦地写出购物清单，有时候这张购物清单还会被遗忘在家里或者在车里。

如果所需记忆的事物多于12项怎么办？很简单，去创建更多的“记忆路径”。在我的房子里有很多房间，且每个房间都有家具和灯具，我能很轻松地勾勒出画面，洗脸池、浴缸、花洒、镜子、椅子、桌子、沙发、床等都可以作为承载事物的记忆柱，再重要的列表我也只是用了少量的几项而已。

变换方向，重复使用同一条记忆路径。例如，对于车库—前门这条路径，可以采用从左到右的顺序，来记忆购物清单；而记忆待办事项，可换成从右向左的顺序；记忆第三份清单时，则可以改为从前门向车库走去。

不管你自己的房子或公寓有多小，我确定你都可以找到几十处地方来“悬挂”你需要记住的新的项目。并且，你也不一定非得局限在房子里。你是否多次在同一个高尔夫球场玩过？即使你是个路盲，对每天必经之路都记不清，你也可以用18个高尔夫发球台和18个高尔夫洞（可以看标识或旗帜来判断）来记住36个事项。

你经常沿着一个熟悉的路线散步吗？用你经过的建筑物和物体作为你记忆宫殿的新的房间（或者甚至可以建立一个全新的记忆宫殿）。你所熟悉通晓的任何一个位置——你家里的房间、你居住的城镇、你的花园、你的办公室、高尔夫球场或健身房……这些都可以作为你个人记忆宫殿的位点。

想象出一个新的列表，购物清单、数学公式、历史事件日期、姓名、产品细节或者你需要作的演讲，把列表中的这些事项分别存入“记忆宫殿”的不同的“房间”内。这里面的房间可能被多次使用——你真的不需要记住上个月的购物清单，不是吗？其他的信息可以保持不变，直到你不在需要他们为止——例如等到一场期末考试、销售电话或演讲结束为止。你的记忆大厦仅仅受到你的想象力的约束，而不是记忆能力本身约束。

“字母记忆法”对你记忆诸如购物清单或各项琐事是有效的，但有时我们需要记忆的信息大多是成对出现的，比如：名字和相貌、日期和事件、词语和解释等。如使用“字母记忆法”，你往往需要创建两种情景或者至少在两个事物间建立关联，从而帮助记忆。事实上，在此种情况下使用“宫殿记忆法”更为简单便利，且能将记忆非常牢固地固化在你的脑海中，并做到不假思索地随时调用。

在使用“链条记忆法”或“故事记忆法”时，如果将一系列事物关联起来，一旦遗忘其中的某一个事物，就可能会造成对其他事物的记忆有偏差。但在“宫殿记忆法”中，由于每个记忆“房间”相对独立，即使忘记了摆放在你“房间”的某一事物，但是这并不会影响你对其他事物的记忆。

下面的词条，你就可以利用“记忆宫殿”来进行记忆练习：

鸟的种类

太平洋潜鸟（Pacific loon）　　赤膀鸟（Gadwall）

黑颈䴙䴘（Eared grebe）
短尾鸟（Short-tailed）
海鸥（shearwater）
美洲白鹮（White ibis）
黑头鹮鹳（Wood Stork）
雪雁（Snow goose）
黑脸田鸡（Sora）
杓鹬（Whimbrel）
哀鸠（Mourning dove）
云雀（Sky lark）
奥利瓦麻雀（Oliva sparrow）
食米鸟（Bobolink）

音乐种类

梅格伦舞（Merengue）
墨西哥流浪乐队音乐（Mariachi）
丛林音乐（Jungle）
迪克西兰爵士乐（Dixieland）
蓝草音乐（Bluegrass）
凯尔特音乐（Celtic）
欧陆舞曲（Eurodance）
哥特式舞曲（Gothic）
家庭音乐（House）
噪音爵士乐（Skiffle）
班格拉舞曲（Bhangra）
工业摇滚乐（Industrial）
瑞格舞（Reggae）
自由风音乐（Freestyle）
拉格泰姆音乐（Ragtime）
瓦伽娜多音乐（Vallenato）
迷幻舞曲（Trance）
特哈诺音乐（Tejano）
病态环境音乐（Illbient）
波萨诺伐舞曲（Bossa nova）
安第斯舞曲（Andean）
带瑞格舞音乐的混录（Dub）

CHAPTER

5

慧眼识人：快速记住他人的姓名和相貌

你需要不停地拍照，如果没有带着相机，那就用你的脑袋记录下这些画面，你刻意留下的记忆总是比你偶尔得到的记忆更加生动。

——以撒·马里恩

在我认识他将近50年的时间里，我的继父比尔·莱特，总是用一模一样的方式向每一位他遇见的女士打招呼："你好！美女！"他每次一边大声打着招呼，一边张开双臂，迎接那一般都会如期而至的拥抱。我从未听到或见过有哪位女士拒绝，她们无一例外都绽开笑脸。我从来也没弄明白他是否只是忘记了她们的姓名，亦或是他对于通常情况下迎面而来的笑脸乐此不疲。

对那些总是记不住他人姓名，或者是无法将姓名与相貌对应起来的人而言，生活中肯定会遇到各种各样的麻烦。称呼女性朋友或同事"亲爱的""亲""美女"或是"女神"，通常情况下是行不通的。并且，当你称呼男性同事为"小伙""老铁"或"大哥"时，往往会被认为是忘记了他们的姓名。

忘记你在宴会上认识的某个人的名字，即使就是十分钟前刚刚正式介绍过的人，也并不尴尬。但是如果你一直记不住你的同事、客户、顾客的名字，那将会对你的职业发展产生影响；如果你连经理和主管的姓名都记不住的话，那差不多就可以告别职场了。因此，在工作中，你需要记住他人的名字，并能够将之与其相貌对应起来，最好还能记住他们的公司、职位等信息。

夸大相貌特征，告别“脸盲”

想要在人际交往中记住他人的姓名和相貌，我们需要形成一种能够将相貌和名字关联起来的“记忆匹配机制”。先记住对方的相貌，再试图将姓名、头衔以及其他信息与相貌关联起来。

首先，夸张相貌的特征，加深对他人的印象。你需要集中注意，多花些时间真正看清对方的容貌，着重观察并夸大某些相貌特征，将之存入脑中。

比如，你可以轻松地归纳一些人的特征：杰伊·莱诺的下巴，金·卡戴珊的巨臀或是你哥哥怪异的小胡子，这些特征无须夸大即可留下清晰的印象。而对于其他人来说，你可能需要发挥更大的想象了：漂亮的山羊胡？就让它拖到地上吧；浓密的眉毛可以长得像蜡笔小新；饱满的额头可以看作是寿星。

不过，你能找到并夸大的面部特征并不多，无外乎高鼻梁、尖下巴、大眼睛以及与众不同的发型。你是否遇到过这样的人，他们十分不起眼，从他们身上你根本就找不到任何可以夸大的特点？尽管我认为这种可能性极小，可一旦遇到这种情形，你只要记住：把注意力集中到某个特征上，例如，他的鼻子、嘴巴或耳朵等。

当然，对于大多数人来说，面部辨认似乎并不是难题，而把姓名、身份以及其他的信息与之相关联才是问题。我们常遇到这样的窘境，能够认出一个人，但却怎么也想不起他的名字。**其实，回忆相识的情景，能够帮助记忆对方的姓名。**比如，我曾在一个朋友的婚礼上，见到了为我家房子做装修的设计师。我意识到我们以前见过，我认识他，记得他的相貌，可怎么也“对不上号”。直到我把他的相貌和我家房子关联起来，便立即想起了他的名字。

不断“倾听”重复，加深记忆

重复对方的名字是形成相貌和名字“记忆匹配机制”的另一个关键步骤。在我们对他人相貌特征进行夸大，试图记忆不同人的相貌图像的同时，我们还需**不断“倾听”并重复对方的名字**。

“你好，弗兰克，很高兴见到你！”当我遇到弗兰克时，我注意到他的眉毛非常浓密，形状看起来像两个“热狗”。两个小时后，再次看到弗兰克，我立刻认出了他的眉毛：“你好！弗兰克，很高兴再次见到你！”

很多时候，我们“忘记”一些名字是因为我们在相识时并没有真正地“倾听”这些名字。如果你还是记不住的话，也可以向一个刚认识的人询问他的名字。

激活姓名联想，寻找“替身”

有时帮助我们想起对方姓名的并不是他的某个相貌特征，而是**姓名本身带给我们的联想，因此，关注名字的含义、谐音等特点，**也可以帮助我们记忆。

结合名字本身的特点，勾勒出与人物关联的情景画面。比如，以“-ton”结尾的姓名会让人产生一种“沉重”的感觉：“身宽体胖的”乔治·华盛顿（George Washington）；相对来说，“-son”结尾的姓名则让人感觉“轻薄”：“瘦弱的”威尔逊（Wilson）和卡尔森（Carson）。而名字中带有“Mc-”或者“Mac-”的麦克亚当斯（McAdams）会让人想到这位爱尔兰人正背着大风笛或者他正在吃一个流淌着芝士的麦当劳巨无霸汉堡。

用熟悉的朋友、家人、同事、名人、影视角色的形象作为拥有同样姓氏或名字的人的替身，更便于建立姓名联想，加深记忆。比如，范冰冰或李冰冰可以作为每个名字中含有“冰冰”字眼的人的替身；如果你是一个体育运动爱好者，那么，每一个汤姆（Tom）都可被看作是布拉迪（Brady，汤姆·布拉迪，美式橄榄球四分卫，外号“惊人的汤姆”）；艺术专业的学生可能会用米开朗琪罗的大卫（David）代替所有同名的人；音乐爱好者可以认为所有的约翰（John）都是埃尔顿（Elton，约翰·埃尔顿，英国著名流行音乐创作歌手）。总之，选择对你来说印象最深刻的姓名形象来建立姓名联想。

此外，我们还可以基于名字本身的含义进行联想：

地理：凯特·哈德森（Kate HUDSON），里弗·菲尼克斯（RIVER PHONEIX），伍迪·艾伦（WOODY Allen），布鲁克·希尔兹（BROOKE Shields），科林·弗思（Colin FIRTH），詹姆斯·伍兹（James WOODS），乔纳·希尔（Jonah HILL），艾伯特·布鲁克斯（Albert BROOKS），蕾克·贝尔（LAKE Bell）。

金属：大卫·科波菲尔（David COPPERFIELD），弗雷迪·墨丘利（Freddie MERCURY），艾玛·斯通（Emma STONE），格雷西·戈登（Gracie GOLD）。

食品：约翰·坎迪（John CANDY），杰克·莱蒙（Jack LEMMON），蒂姆·克里（Tim CURRY），周润发（Yun-Fat CHOW），爱丽森·布里（Alison BRIE），哈莉·贝瑞（Halle BERRY），奥尔森·宾（Orson BEAN），凯文·贝肯（Kevin

BACON）。

工具：杰里米·艾恩斯（Jeremy IRONS），彼得·奥图尔（Peter O'TOOLE），克里斯汀·贝尔（Kristen BELL）。

国家：薇拉·贺兰德（Willa HOLLAND），霍兰德·泰勒（HOLLAND Taylor），阿纳托尔·法郎士（Anatole FRANCE），唐娜·布拉泽尔（Donna BRAZIL(e)）。

动物：老虎·伍兹（TIGER Woods），梅根·福克斯（Megan FOX），马尔迪·菲什（Mardy FISH），罗素·克洛（Russell CROWE），史蒂夫·马丁（Steve MARTIN），瑞恩·高斯林（Ryan GOSLING），劳伦斯·菲什伯恩（Laurence FISHburne），伊桑·霍克（Ethan HAWKE），杰米·福克斯（Jamie FOX）。

城市：瑞克·斯普林菲尔德（Rick SPRINGFIELD），布莱斯·达拉斯·霍华德（Bryce DALLAS Howard），惠特尼·休斯顿（Whitney HOUSTON）。

花/树木：黛西·布坎南（DAISY Buchanan），奥兰多·布鲁姆（Orlando BLOOM），克里斯·潘恩（Chris PINE）。

宝石：赛珍珠（PEARL Buck），钻石吉姆·布雷迪（DIAMOND Jim Brady），比利·克里斯托（Billy CRYSTAL），基南·伊沃里·韦恩斯（Keenan IVORY Wayans），贾登·史密斯（JADEn Smith），露比·迪（RUBY Dee）。

颜色：雷德·福克斯（RED Foxx），赛斯·格林（Seth GREEN），斯嘉丽·约翰逊（SCARLETT Johansson），詹姆士·布朗（James BROWN），杰克·布莱克（Jack BLACK）。

饮料：汤姆·柯林斯（TOM COLLINS），梅尔·吉布森（Mel GIBSON）。

职业：威尔·史密斯（Will SMITH），巴德·艾巴特（Bud ABBOTT），克里斯·库珀（Chris COOPER），格兰特·廷克（Grant TINKER），泰勒·斯威夫特（TAYOR Swift），艾娃·加德纳（Ava GARDNER），加里·马歇尔（Garry MARSHALL），明妮·德瑞弗（Minnie DRIVER），裘德·洛（Jude LAW），克里斯托弗·普卢默（Christopher PLUMMER），杰拉德·巴特勒（Gerard BULTER），丹尼·格洛弗（Danny GLOVER），晓高·韦荣（Hugo WEAVING），伊丽莎白·班克斯（Elizabeth BANKS），珍妮弗·卡彭特（Jennifer CARPENTER），西耶娜·米勒（Sienna MILLER），瑞切尔·蕾·库克（Rachael Leigh COOK）。

扑克：奎因·莱提法（QUEEN Latifah），杰克·尼科尔森（JACK Nicholson），唐·金（Don KING），山姆·史贝德（Sam SPADE），唐纳德·特朗普（Donald TRUMP）。

汽车：杰拉尔德·福特（Gerald FORD），弗雷达·平托（Frieda PINTO），切维·切斯（CHEVY Chase），史蒂夫·纳什（Steve NASH），哈里森·福特（Harrison FORD），李察·基尔（Richard GERE），范·迪塞尔（Vin DIESEL）。

武器：尼克·卡农（Nick CANNON），彼得·古恩（Peter GUN）。

记录重要信息，有备无患

对于公司名称、职务等重要信息，我们可以将其直接添加到之前勾勒的情景画面中。比如，用荧光笔把某个人的公司名称或logo“写在”他的大脑门上，或是把某个人的家乡特产想象她佩戴的独特的耳环或吊坠。

但在社交场合中，我们常常需要利用一个晚上去记住十几个甚至更多的姓名、相貌及其他关键信息。假如你是一名销售人员，你可能需要记住更多繁杂的信息，并要把这些信息与相貌关联起来。比如家庭信息：配偶的名字，孩子的名字、年龄和就读的学校，或公司信息：公司名称、主要产品、销售历史等。

想要在短短的社交场合中，快速勾勒大量的、与相貌名字关联的情景画面，并把冗杂的信息与之匹配起来需要长时间的反复练习。事实上，我们往往没有足够的时间来完成这些事情，因此，及时存储这些额外的信息就变得十分必要。在重要的社交场合，你需要将重要信息通过笔记簿、备忘录或手机记录下来，暂且不管是什么，尽快记下来就是了。

强化记忆训练，熟能生巧

再次强调，你练习的越多，记忆也随之越轻松。假设你是一名销售新人，正在出席一个小型的社交聚会。你被介绍给一位新顾客——韦恩 · 达比（Wayne Darby），他是苹果公司的零部件经理。在交谈的过程中，你得知他妻子的名字是金（Kim）；他有两个孩子，名字分别是乔丹（Jordan）和凯伦（Karen）；乔丹是一个高中橄榄球队员，凯伦擅长打长曲棍球，韦恩是一个狂热的网球爱好者。此外，他们刚刚领养了一只小狮子狗。

这么多信息，怎么也记不住吧？其实不一定哦！韦恩梳着一个令人难忘的庞帕多发型，可以把韦恩·达比的名字（Wayne Darby）拆分成两个单词，红酒（因为wine与Wayne形似）和圆顶礼帽（Derby与Darby发音相近），这样可以想象出如下一副画面：他的头上倒顶着一只圆顶礼帽，帽子里装满了红酒，直往外溢，上面还飘着一只苹果（就职于苹果公司）。他的胳膊环抱着金·卡戴珊（妻子名为金），他们跟迈克尔·乔丹说话，乔丹还戴着一顶橄榄球头盔（一个孩子名为乔丹，是高中橄榄球队员）。他们的小狮子狗正跑着穿过一排排长曲棍球棒，球棒上悬挂着萝卜（萝卜英文carrot与Karen发音相近），贴着大大的红酒标志的网球球拍上（这里代指的是韦恩爱打网球）从地下破土而出。

下面这个列表有很多编造出的人名，来看看你能想象出什么样的画面或发音？

森德闹·泰斯赫斯特（Cydnor Ticehurst）

甘尼许·萨卡卡（Ganesh Sacarkar）

弗拉基米尔·芭蕾提考夫（Vladimir Ballentikoff）

扎浩儿·阿卡卢克（Zahoor Akhluq）

卡拉斯·林德拉特（Klas Linderlaught）

奥萨·哈拉米露（Ossa Haramilloo）

曼科·伊坡塞奎（Manco Ypsequi）

伦勃特·奎格（Lembert Quigg）

昆廷·彼尤克尔迪尤（Quentin Beukeldeau）

费利姆·奥斯特斯库特兹（Phelim Osterscholtz）

CHAPTER

6

过目不忘：如何有效地阅读一本书

有些书只需浅尝即可，有些书亦可囫囵吞枣，但有些书应当细嚼慢咽。

——弗朗西斯·培根

首先，需要说明的是，在你学习一件事情时，学的**好坏**要远比学的**快慢**更为重要。一个“聪明”的学生能轻松地胜过他人，这并非因为他记忆力有多么好，而是他能够更好地掌握知识，懂得如何去理解和归纳那些重要的概念、事实和数据，或许他能够记住的内容远不及你。

记忆是理解的主要产物，它与你阅读的速度无关，与你构建的纲要好坏无关，也与书本上五颜六色的荧光笔标记无关。无论阅读什么，都要理解并归纳所读的内容，这才是走向高水平记忆力的基础。一目十行，并不意味着你能理解并记住你所读的内容。如果你能真正领会作者的旨意，即使你需要比朋友多花一两个小时才能完成额度，也要按照自己的节奏去理解所读内容，这才是关键所在。

阅读形式无关阅读效果

以前，读书意味着手捧一本纸质书籍，然而，近年来，读书的形式发生了翻天覆地的变化。现在，比如Kindle（亚马逊公司生产的一款电子阅览器）等电子书不仅能够提供一本书的电子版本，还可以实现记笔记、划重点、做标记等一系列功能，让你的电子阅读越来越接近与以往阅读纸质书籍的感觉。因此，如果你更喜欢电子书，即使你平时对言情小说、科幻小说、漫画小说情有独钟，也可以照样在电子书上阅读主题比较严肃的作品。

总之，只要你想将本章介绍的内容付诸于实践，完成阅读任务，你可以选择任何你喜欢的阅读形式：纸质书、电子书，或者听书软件，阅读的形式无关乎阅读的效果。

温故方能知新

初读后进行有效复习是十分重要的，这样才能帮助你记忆所读内容，因为你只能记住你所理解的部分，只有当你阅读并理解所读内容时，它们才能进入你的记忆。检验记忆的方式就是用自己的语言重述所读的信息，看看能否总结出文本的中心旨意。除非你能理解自己所说的内容，否则大脑将不能作出决定：记住这些话还是忘记它们。

事情就是如此奇妙：你总能记住你选择要去记忆的部分，如果你不想记忆某些信息，或你不相信自己可以记住，那你就不可能记住它们。因此，如果想记住某个素材，首先你必须想记住它，并且相信自己能够记住。

为了真正记住你所学所读的内容，你应该做到完全理解或者反复学习，这包括预习、批判性阅读并以某种特定方式巩固你应该掌握的内容。

毫无疑问，记住那些随意的想法或随机数字比记住那些按照一定逻辑组织起来的想法或数字要难得多。当你能够找出信息中存在的内在逻辑时，他可以帮助你随时回忆哪些信息。特别是，将所回忆的信息与已知的信息关联起来，对追忆这些信息非常有帮助。一旦将新信息与已经存在的知识联系起来，就可以在头脑中为新知识提供一定的背景。

在我们的日常生活中，会不可避免地去阅读一些东西，对于学生来说，更是如此。学生要阅读的材料涉及多门学科的书籍，并要总结出各门课程的知识考点。本书的技巧和很多建议对任何想在阅读中做到过目不忘的人均适用，无论年龄长幼，水平高低。

阅读的6个目标与6个步骤

阅读有六个基本目的：

1. 抓住特定信息；

2. 查找重要细节；

3. 回答具体问题；

4. 评价阅读内容；

5. 应用阅读内容；

6. 获得身心愉悦。

无论你是在阅读一份长篇报道、一篇杂志文章，还是一本科普书籍、历史读物；无论是为了陶冶情操，还是为了完成学习任务，阅读的方式都是一样的。首先，快速浏览全文，寻找你想要得到答案的问题；其次，略读相关章节，初步了解所包含的信息；最后，仔细逐字阅读文章。如果是为了完成学习任务，你可能还要做标记、划重点、写笔记。

假如你想读一本科普书籍，以便搞清楚细胞核的功能，你可以先浏览一下相关部分，了解细胞的组成部分，并略读细胞功能的描述。这样，你就十分明确自己想要读懂什么，只需要在讲述细胞各个部分功能的相关章节寻找答案。也就是说，在阅读之前明确自己想要回答的问题，你就可以略读相关章节，这样找寻答案的阅读时间比一字不落地通读全文要少得多。即使你不仅仅是为了寻找具体的事实，略读和预读都是提高阅读效率行之有效的方法。

如果你想通过略读把握文章大意，可以遵循以下简单有效的步骤：

- 通过把文章的题目或标题改写为问题当作阅读的目的。
- 浏览所有的副标题、图解和图表来了解文本的重要内容。
- 仔细阅读引言段、总结以及在每章末提出的问题。
- 阅读段落首句或末句，一般情况下能够概括出该段的中心思想。
- 撰写一个简要的总结，概述你通过略读学到了什么。
- 根据你所得出的结论，决定是否有必要继续深入阅读。

教科书的标题、副标题、首句以及作者提供的一些其他的提示都会对你快速了解文章内容有所帮助。作者使用的某些词有助于你把握要点，忽略无用信息。在阅读过程中，懂得什么时候加速，什么时候减速和停止，或者真正集中精力细读，会使阅读更快更有效。

在阅读过程中，如果遇到诸如“同样地”“另外”“此外”“而且”之类的词语和表达方式，你应该明白接下来没有新的内容讲述。如果你已经知道接下来要讲什么，就可以加快阅读速度，甚至跳过相关部分。当你遇到诸如“另一方面”“不过”“然而”“而不是”“但是”之类的词语和表达方式，你应该放慢阅读速度，以获得来自不同视角的新信息，甚至是同前面内容持否定态度的观点。最后，对诸如“结果”“因此”“所以”“最后”“总之”之类的完结词和表达方式要多多留意，尤其当阅读时间不多，只需要“抓住核心要点”或备战考试时尤为重要。作者将在此会对文章前面所有的信息汇总，并精心组织表述，这也许会帮助你免去通读全文的烦扰。众所周知，一个好的读者可以分辨出哪些内容需要逐字逐句地阅读，哪些内容需要略读。

如果一个文本需要精读，那么可以退回到第一步从头开始，每次只阅读一个章节或单元等。为确保自己能够掌握文本内容的进展，你可以一边阅读一边反问自己：此部分是否解答了如下五个问题中的某一问题?

1. 人物。此段落重点讲述了某个特定的人或某一特定人群，主题句往往能够说明文本涉及的人物。

2. 时间。此段落主要与时间相关，甚至主题句本身可能就是“当……时候”的句式。

3. 地点。此段落倾向于围绕一个特定的地点或位置展开，主题句会说明与事相关的地点。

4. 原因。陈述某个信念或某件事情发生的来龙去脉的段落会解答原因类问题，主题句会说明为什么有些事情是真实的或者为什么会发生。

5. 方法。此段落会描述一些事情的运作方式或完成某些事情的途径，主题句会解释完成所描述事情的方法。

如何阅读科技类图书

在大多数关于科技的书籍中，每个概念就像是一块理解积木。如果不理解某一章节或段落，你将无法理解下一部分的内容。

大多数的科技类书籍，满页都是概念、术语、公式和原理，这些章节信息密集，寥寥几页就能表达大量的思想。我们必须仔细阅读文本，同时也可以利用一些常见的共同的部分来理解文本结构，特别是以下五个基本要点：

1. 定义和术语；

2. 举例；

3. 归纳和列表；

4. 对比；

5. 逻辑关系。

了解专业术语。在阅读任何一种专业性文本时，你必须从头开始读，以便理解该学科中特有的专业术语。日常用语有多种不同的意思，有些意思甚至会相互矛盾，取用何意取决于具体的语境。但是，这些司空见惯的词语在专业性文本中可能有非常精确的特殊定义，比如，“弹力”的定义就是“发生形变的物体恢复原状的能力”，无论是在美国的丹佛，还是在东非的吉布提，其定义是一样的。正是因为这些术语有着准确的学科定义，才能保证世界各地的科学家们可以相互交流沟通。此外，定义可以长短不一，有的术语只需要一句话就能说清楚，有些可能需要一整段来描述，还有一些甚至会要求用整整一章的内容去准确地讲述其含义。

理解文中事例的作用。专业性文章的另外一个表达方式就是举例说明。科技文中经常会有各种奇思妙想——很多是不能被立马接受的。它们很难被理解，部分原因是因为它们非常抽象。作者用举例的方式在抽象理论和具体应用之间搭建了一座桥梁，这些例子对你理解那些错综复杂的理论是大有裨益的。

把握归纳和列表的方法。在文本中经常用的第三种工具就是归纳和列表。归纳是一个把共同主题归类到同一标题之下的过程。在专业性文本中尤为常见，作者使用归纳法对繁杂的数据列表进行分类。

关注文中作对比的表述。第四种表达方式是比较和对比。文本借助这些方法向读者展示了一幅相似或相反的画面，使得原本毫无头绪的内容变得一目了然。通过比较，一个文本会将一个概念与先前已经定义了的概念联系起来——或者与一个作者可能掌握了的概念联系起来。通过对比，文本将会聚焦在两种观点的不同和区别等方面。

梳理现象的逻辑关系。大多数科学研究始于对现象的观察，需要说明现象的内在逻辑关系。因此，详细阐述这些逻辑关系是科研文章写作的关键。事物的逻辑关系有很多种表达方式，有的是先陈述结果，然后再解释原因。一个结果也可能是由多个互相联系的原因造成的，它们共同构成了因果关系链。当然，一个原因会造成多种结果。如果你读此类的文章感觉有难度，可以尝试如下方法：

- 尝试将公式和数字“转化”成文字语言，以检验你的理解程度。
- 试着解决问题，弄明白是什么学科内容，哪些信息是重要的，哪些信息是不重要的。
- 尝试将专业概念解释给他人，可以检测自己对问题的理解程度。
- 学习或创造易于记忆的缩略词、谐音词、关联、故事或记忆宫殿等，以便记住那些你必须记忆的众多专业名词列表，比如人体的各块骨骼、一系列的化学公式等。

批判性阅读15问

一个作品，甚至一个词语，都包括两个不同层次的意义，这对于你理解文本内容是非常重要的。其一，是词语的字面意思，即你可以在词典上查到的具体的准确的定义；其二，是词语的深层含义，即词语所表达的情感、偏见、态度和观点等会超出其字面意思的含义的意思。分析理解任何文本都需要像准确通晓其字面意思那样，明白其隐含之意。

在全面了解词语意思的基础上，批判性阅读需要你不断提出问题，下面15个问题将帮助你有效地分析和理解你所读的大部分文本。

1. 文本是否有一个清楚的主旨贯穿始终？

2. 文本各观点之间的关系是否直白清晰？

3. 你的经历和作者是否有相似之处？

4. 文本使用的数据是否真实可信？

5. 文本使用的事例和证明的观点是否相关？

6. 文本的思想是否前后一致？

7. 作者写作时的倾向或偏见是什么？

8. 作者的写作动机是什么？

9. 作者想让你相信什么？

10. 文中所表达的思想与你的判断或经验是否一致？

11. 作者的表达是理智的，还是主观的？

12. 作者是否混淆了感受和事实？

13. 作者是否有逻辑地表达了其主要思想？

14. 论点和结论是否一致？

15. 文本中的解释是否清楚吗？

CHAPTER

7

词汇达人：如何高效学习外语单词

英语是一棵包含大量外来词汇的复杂语言树，词根、词缀、韵脚都是记忆单词的重要方法。

词根词缀记忆法

英语可能是所有语言中最具有包容性的，英语中包含了大量的外来词汇。英语起源于凯尔特语，后来吸收了其他语言的大量词汇，尤其是法语、拉丁语、希腊语、德语以及丰富的俚语（俚语比较常见，几乎随时随地都可以接触到）。

在这棵复杂的语言树上，凯尔特语和古英语是它最古老的分支。然而我们将要学习的技巧并不适用于这两种语言，因为它们的词汇比较简单，没有涉及一些复杂的拉丁语和希腊语的词根。

但是，正如任何一个热衷于填词游戏的人都知道的那样，英语里有大量的罗曼语词（法语、意大利语和西班牙语都属于罗曼语系）。罗曼语词通常较复杂，但是大多又可以分解为相对简单的部分。

下面的表格中包括26个希腊语和拉丁语的词根，这些词根可以衍生出上千个英文单词。

Root （词根）	Meaning （意义）	Example （例子）
annu	year（年）	annual（每年的）
aqua	water（水）	aquarium（水族馆）
arch	chief（主要的）	Archenemy（主要敌人）
bio	Life（生命）	Biology（生物）
cap, capt	take, seize（取，抓取）	Capture（捕获）
chron	Time（时间）	Chronological（按时间顺序的）
dic, dict	Say（说）	Indicate（表明）
duc, duct	Lead（引导）	Induction（诱导）
fact, fect	do, make（做，使变成）	Effective（有效的）
fer	carry, bear（拿着，承受）	Infer（推断）
graph	Write（写）	Graphics（制图学）
homo	same, identical（相同，相同的）	Homonym（同音异义词）
logos	Word（词）	Logical（逻辑的）
manu	Hand（手）	Manufacture（手册）
mitt, miss	Send（送）	Remittance（汇款）
path	feel, feeling（感觉）	Apathy（冷漠）
ped, pod	Foot（脚）	Pedal（脚踏的）
plico	Fold（折叠）	Implication（潜在含义）
pon, posit	place, put（放置）	Imposition（强加）
port	Carry（拿）	Export（出口）
psyche	Mind（思想）	Psychopathic（精神病的）
scrib	Write（写）	Scribe（写下）
spec	observe, see（观察，看）	Speculative（推测的）

续表

Root（词根）	Meaning（意义）	Example（例子）
tend，tent	Stretch（伸开）	Intention（目的）
tene	have，hold（有，举）	Tenacious（顽强的）
vert，vers	Turn（转动）	Introverted（内向的）

前缀，是附在词前的部分，可以极大地改变词的意思。下表是一些常见的前缀。

Prefix（前缀）	Meaning（意义）	Example（例子）
a-，ab-	From，away（偏离）	Aberration（失常）
a-，an-	Without，not（没有，不是）	Amoral（非道德的）
ad-，af-，at-，ag-	To，toward（朝，向）	Admonition（警告），affection（喜爱），aggressor（侵略者）
Ant-，anti-	Against（反对）	Antidote（解药）
Ante-	Before（之前）	Antecedent（祖先）
Bi-	Two（两个）	Bicycle（自行车）
Con-，com-	With，together（和，一起）	Commitment（承诺）
De-	Away from（偏离）	Deviant（不正常的）
Dis-	Apart，opposite（分离，反对）	Disrespect（不尊重）
e-，ex-	Out of，over（由于，在……之上）	Exorbitant（过高的）
En-	In（在……里面）	Envelope（信封）

续表

Prefix （前缀）	Meaning （意义）	Example （例子）
Extra-	Beyond（超出）	Extraordinary（不平凡的）
Hyper-	Above, over（在……之上）	hyperthermia（中暑）
Hypo-	Under（在……之下）	Hypoglycemic（低血糖的）
Il-, im-, in-	Not（无，否定）	Illicit（违法的） impeccable（无瑕疵的）
Inter-	Between（两者之间）	Intercept（拦截）
Intra-	Within（在……范围之内）	Intrauterine（子宫内的）
Mal-	Evil（邪恶的）	Maladjusted（失调的）
Multi-	Many（许多）	Multiply（乘）
Ob-, op-	Toward, against（朝，相反）	Obdurate（顽固的） opposite（相反的）
Per-	Through（通过）	Perspicacious（有洞察力的）
Peri-	Around（围绕）	Peripatetic（漫游的）
Post-	After（在……之后）	Posthumous（死后的）
Pre-	Before（在……之前）	Premonition（预告）
Pro-	For, forth（为了，向前）	Production（生产）
Re-	Again, back（又，向后）	Regression（回归）
Sub-, sup-	Under（在……之下）	Substantiate（证实）
Sym-, syn-	With, together（和，一起）	Sympathetic（同情的） synergy（协同）
Tri-	Three（三个）	Triangle（三角）
Un-	Not（无，否定）	Uncool（粗野的）

最后，词的后缀也至关重要，通常可用以显示该词的用法。通过添加后缀，形容词可变成副词，如以“ly”结尾；或者变成相应的比较级和最高级，如smaller“较小的”，smallest “最小的”；还可修饰其他后缀，如liveliest表示lively的最高级。下面是一些常见的后缀。

Suffix（后缀）	Meaning（意义）	Example（例子）
-able, -ible	Capable of（能够）	Pliable（柔韧的）
-ac, -al, -ial	Pertaining to（与……有关）	Hypochondriac（抑郁症的）， remedial（治疗的）
-acy	Quality of（某种品质）	Fallacy（谬论）， legacy（遗产）
-age	Quality of（某种品质）	Outrage（愤怒）
-ant, -ent	One who（某类人）	Student（学生）
-ary	Devoted to（奉献的）	Secretary（秘书）
-cy	State of（某种状态）	Lunacy（精神失常）
-dom	Quality of, state of （某种品质、状态）	Martyrdom（光荣弹）， kingdom（王国）
-en	Made of（由……制成）	Wooden（木制的）
-er, -or	One who（某类人）	Perpetrator（犯罪者）
-ful	Full of（充满）	Woeful（悲哀的）
-hood	State of（某种状态）	Neighborhood（街区）
-ic	Pertaining to（与……有关的）	Pedantic（学究式的）
-ine	Like（像……）	Leonine（狮子般的）
-ion	Act of（某种行为）	Examination（考试）

续表

Suffix （后缀）	Meaning （意义）	Example （例子）
-ish，-ity	Quality of（某种品质）	Purplish（略带紫色的）， enmity（敌意）
-ist	One who practices （从事某种职业的人）	Novelist（小说家）
-ive	Disposition of（某种倾向）	Active（活跃的）
-less	Lacking（缺乏）	Penniless（身无分文的）
-ly	Like（像……）	Cowardly（怯懦的）
-ment	Process of（表示过程）	Enlightenment（启蒙运动）
-ness	State of（表示状态）	Holiness（神圣）
-ory	Pertaining to（与……有关）	Memory（记忆）
-ose	Full of（充满）	Grandiose（宏伟的）
-ous	Like（像……）	Porous（多孔的）
-ry	State of（表示状态）	Ribaldry（粗俗下流的言论）
-some	Full of（充满）	Toothsome（美味的）

你并非需要刻意记忆这三个表格，只要多看几遍，找出便于自己记忆的联想，相信就会对表中的词根、前缀和后缀有深刻的印象。

场景单词记忆法

通过单词的相似读音、拼写和意义建立一个场景，可以帮助我们记忆单词。例如：你可能已经多次见过“ostracize”这个单词，但是你却记不住它的意思是“放逐”。你完全可以在头脑中想象，尽管这种联想可能不符合逻辑，比如：“No one wants to look at the ostrich's eyes（没有人想看鸵鸟的眼睛；ostracize的发音同ostrich's eyes 相似）"或者"The ostrich's size was so big he was thrown out of his hole（鸵鸟体型太大，所以被扔出洞外；ostracize的发音同ostrich's size）"。当然，你可能说，这个例子太简单了，那我们再举一个例子。因为这章讲单词的记忆，所以看下面这个单词"sesquipedalian"，意思是"冗长的多音节单词"，或者"多用长单词的"。我们可以用相似的读音创建一个关联："She says quit peddling those big words（她说不要再说大话）"。

如果这个方法对某个比较长、比较难的单词不适用，可以试着用图片代替一个单词。你可能很难将一个长、难的单词同一个短语联系起来，但是可以跟一幅图片联系起来。比如，单词"flambe"，意思是"在火上烧过的食物"，把这个单词想象成一幅图画，一只翅膀闪耀着火焰（flame）的蜜蜂（bee），盘旋在食物上方。我们在第三章中也曾经提到过，这样的练习难度并不大，而且很有趣，这会帮助我们记住这些单词，尤其是一些不常用的单词。

下面是一些比较生僻的单词，可以通过相似的读音来记住这些单词：

Cutaneous（关于皮肤或者爱护皮肤）："Cute skin, ain't it just？"

Necromancy（通灵术）："Nancy, dig up Phil Niekro."

Hoosegow（监狱）："Whose cow is in jail？"

Welter（翻滚）："Toss it here, Walter！"

Sullage（污水）："Sully, age is a waste."

Hieromonk（祭司僧侣）："Need a priest？ Hire a monk."

Avouch（断言）：“‘Ouch!’ he vowed.”

Cognomen（绰号）：“No man was named Cog.”

Dikdik（犬羚）：“Did did you you see see that that antelope antelope？”

Guayabera（衬衫式茄克衫）：“Put on your shirt and buy me a beer, Fidel.”

Liatigo（马鞍上的皮带）：“Let that strap go, horsey！”

Petiole（叶柄）：“Pet my old leaf.”

Mizzle（细雨）：“It's drizzling, Ma.”

Jaguarundi（美洲山猫）：“Jaguar undies on Top Cat！”

Frutescent（灌木丛的）：“Smelly fruits grew on the shrub.”

Refrangible（可折射的）：“Hey, Ray, ball the light for Angie.”

Osteophyte（骨刺）：“Two bones were fighting, Ossie.”

Icosahedron（二十面体）：“I guess he'd run 20.”

Euclase（蓝柱石）：“That green gem you got sure is classy.”

你可以用本书中提到的任何方法来记忆单词。

我相信，上文所提到的某些单词对你来说十分陌生，甚至完全不认识，就像一门你从未接触过的外语。本节介绍的这两种单词记忆方法，通过单词的相似读音、拼写和意义建立一个场景或用图片代替一个单词，可以帮助你学习任何一门外语。下面来看一下，如何记住我们在第二章测试中的德语单词。

Esel（一只猴子）	想象一只猴子（monkey）在画架（easel）前画画。
Wissen（知识）	我知道我有远见。 （英文“vision”意思是远见，单词中的v发音同w）
Obst（水果）	我在避免吃水果。 （英文“abstain”意思是避免，发音同obst）
Dorf（村庄）	希拉里写道：“这需要一个村庄。” （英文“dorf”意思是村庄）
Geflugel（家禽）	想象一只鸡在吹一支巨大的粗管短号。 （英文“flugelhorn”意思是粗管短号）
Rezept（药房）	能给我开药的收据吗？ （英文“receipt”意思是收据，字形与rezept相近）
Zahn（牙齿）	我的牙齿掉了！ （英文“tooth”意思是牙齿）
Pilz（蘑菇）	想象一个蘑菇放在比萨薄饼上。 （英文“pizza”意思是比萨，发音与Pilz相近）

对单词表中剩下的单词，你还能用图片或者读音建立起什么样的关联呢？

双辅音

很多人容易混淆带有双辅音的单词，最常见的重复辅音是“l”“n”“p”和“s”，但是“t”和“r”也经常重复。尽管这些双辅音的出现可能是偶然的或者任意的，但通常也遵循一些规则：

双写“l”：通常是在以“l”开头的单词前加上“l”或者在以“l”结尾的单词后加“l”（例如：alliterative，unusually）。然而“alien”没有双写辅音“l”，因为“alien”本身是个词根。

双写“n”：通常以“n”为结尾的单词，需双写字母“n”再加上词缀。如词缀“-ess”，将形容词变成名词：wantonness（wanton），thinness（thin）；词缀“-y”，将名词变成形容词：funny（fun）。

双写“p”“r”和“s”通常没有明确的规则，需特殊记忆。

“e”留还是不留：以“e”为结尾的单词，该如何加后缀?

在词尾加“-ly”或“-ment”时，词尾的“e”通常保留，如judgment（judge）。

在词尾加“-y”时，词尾的“e”需去掉，如phony（phone）。

在词尾加“-able”或“-ible”时，当单词以“-ice”“-ace”和“-ge”结尾，需保留词尾的“e”，如embraceable（embrace）和manageable（manage）；当单词以“-nce”“-uce”和“-rce”结尾时，需先去掉词尾“e”，再加上“-ible”。

* * *

正如我在文章的开头提到的，英语是基于凯尔特语、挪威语、德语、拉丁语、法语和其他几种语言发展而来的。因此，它经常出现不按规则的情况。尽管这些记忆方法会给予您很大的帮助，但是您还需要借助联想和本书其他章节所提到的一些方法来记住一些不符合常规的单词。

CHAPTER

8

数字记忆技巧：如何快速记忆抽象数字

想象力是发明、发现及其他创造活动的源泉。

——亚里士多德

目前为止，我们学习的都是如何记住庞大的词汇表。其实，记忆词汇相对简单，因为词汇可以与看得见的事物、摸得着的东西、听得见的声音、闻得出的味道联系起来，即使没有经过专门记忆训练，大部分人都能较为轻松快速的记住26个非常抽象的词汇。与之相反，记忆26个随机的数字则十分困难。比如，人们很难记住一个仅听过一遍的电话号码，毕竟，对大部分人而言，电话号码通常只是一些彼此不相关的数字组合，没有任何具体的意象或含义。

记忆数字的秘诀就在于建立更多关联。

绝大多数人的“记忆起点”都是只能在短时间内记住不到10个随机数字，但是，通过一些基本的记忆训练，你就可以轻松地记住所有重要的电话号码、信用卡账号和安全码、银行账户和密码、驾驶证号码等更多信息。尽管你可以将一些“记忆任务”交给智能手机，但是你并不能保证手机时刻随身、电量充足，另外，把所有的重要信息都放在网上也存在一定的安全隐患。

押韵拟像记忆法

押韵系统：通过押韵，将数字转化成文字

0（Zero）= Hero（英雄）

1（One）= Bun（Sun, Gun, Ton）（面包、太阳、枪、吨）

2（Two）= Shoe（Glue, Blue, Gnu, Sue）（鞋、胶水、蓝色、角马、控告）

3（Three）= Tree（Bee, Sea, Key, Pea, Tea）（树、蜜蜂、大海、钥匙、豌豆、茶）

4（Four）= Door（Floor, Boar, Roar, Soar）（门、地板、野猪、咆哮、高飞）

5（Five）= Hive（Jive, Dive, Live）（蜂房、摇摆舞、潜水、活的）

6（Six）= Sticks（Hicks, Licks, Picks, Ticks, Bricks）（棍子、乡下、舔、捡、滴答、砖）

7（Seven）= Heaven（天堂）

8（Eight）= Gate（Weight, Date, Bait, Mate）（门、重量、日期、钓饵、助手）

9（Nine）= Wine（Vine, Dine, Pine, Sign, Line）（酒、藤、用餐、渴望、签名、路线）

10（Ten）= Hen（Wren, Den, Pen）（母鸡、鹪鹩、贼窝、钢笔）

为了更方便记忆，还可以尝试加上一些音韵，如：

11（eleven）= 肝（lever）

12（twelve）= 精灵（elf）

19（nineteen）= 骑士（knighting）

形状系统：通过形状联想，用物品代替数字

“世界记忆大师”多米尼克·奥布莱恩（Dominic O’Brien）曾提出用物品来代替数字，根据每个数字的形状，把它们变成具体的形象或物品。例如：

0 = 球或甜甜圈

1 = 铅笔或蜡烛

2 = 天鹅或蛇

3 = 手铐

4 = 船帆或旗帜

5 = 蛇或海马

6 = 高尔夫球杆

7 = 回旋飞镖

8 = 雪人

9 = 带绳子的气球

一旦把某个数字看成一件物品，你就可以用这些物品编成一个故事，从而记住整个数字序列。

数字语音记忆法

前一节，我们学习的是通过押韵或拟象的方法来记忆数字。除此之外，我们还可以用英文的辅音字母来替代数字，随后，在保持数字顺序不变的基础上，适当添加一些元音字母，组成一个单词，我们就可以“听见数字的声音”了。

这种记忆法可以称为“语音记忆法”，它出现于近400年前，后来几经修改完善使用至今。尽管，这个方法看起来仍然相对简单，却比“押韵记忆法”和“拟象记忆法”更为实用，其优势在于我们可以用一个单词代表3个甚至更多个数字。下面，就是一种常用的“数字”与“辅音字母”的基本对应关系：

1 T、D 两者在形状上和“1”一样都只有一条竖线，同时两者在英文中的发音也很相似；

2 N 在形状上与“2”一样都只有两条竖线；

3 M 如你所想的那样，“M”和“3”在形状上都有三条竖线；

4 R 英文中“4”（four）的发音是以儿化音的“R”为结尾；

5 L 当你伸出左手做出“5”的手势时，是指和拇指形成了“L”；

6 J 英文书写中，“J”看起来很像“6”的镜像，亦可用“SH”、“CH”或轻音“G”；

7 K 如果将一大一小两个“7”背对背拼在一起与“K”很像，亦可用重音“C”、重音“G”；

8 F 手写的数字“8”在形状上很像“f”，亦可用“V”、“PH”；

9 P “P”和“9”在形状上也是一对镜像，亦可用“B”；

0 Z “0”的英文单词“Zero”以“Z”开头，亦可用“S”、轻音“C”。

当然，你可以根据自己的习惯或喜好，对上面列出的基本对应关系进行适当调整。不过，在使用这种方法记忆数字时，有几个应当注意的规则。一是辅音字母w、h、y以及所有的元音字母a、e、i、o、u都不能用来代表任何数字；二是所有不发音的辅音字母也不可以代表数字，比如“knapsack”中的“k”和“tombstone”中的“b”都不发音，所以并不能代表“7”或“9”；三是在单词中双写的字母，如果只发一个音则只代表一个数字，比如“mellow”中的“ll”只代表“5”，当然，如果两个双写的字母发两个不同的音则代表两个数字，比如“accident”中的“cc”代表“70”；四是你使用的是字母的发音而不是字母本身，比如“accident”中的第一个“c”发音是重音/k/，所以代表“7”，第二个“c”发音是轻音/s/，所以代表“0”。

因此，“TiTLe”可以用来代表“115”：第一个“T”是“1”，第二个“T”也是“1”，“L”是“5”，两个元音不代表任何数字，数字“85”可以是“FooL”（脚），数字“33”可由“MoM”或者“MaaM”代表，“VioLiN”可代表“852”，“MahJoNG”可代表“3627”。

需要注意的是，帮助你记忆数字的是字母的发音而并非字母本身。“ViC”是“80”，而不是“87”，因为“C”发的是/s/的音，而非/k/的音。“MaNSioN”是“3262”，不是“3202”，在这个单词中“S”发的是/sh/的音。

这个简单有效的方法能帮助你更轻松地记住今天在博物馆里偶然得到的电话号码。记住一个NoRMaL GiRL（普通女孩）是不是要比记住243-5745（NRMLGRL）简单的多？

如何记住圆周率小数点后六位？你可以直接背诵3.141592，或者你可以把数字变成相应的单词My DeaR TaiL BoNe（我亲爱的小骨头)。

假如你的社保号码是143-25-7170，那么是记住数字简单，还是记住“DooRMeN LiKe DoGS”更简单？假如一个电话号码是513-286-1562，那你可以用“LeT MeN FiSH TiL JuNe”来记住它。

即使要记住一个长长的26位数字，如16875832427799418509079858，也不再那么可怕了，试着将它分成几组，每组创建一幅图片。

168758(TFGCLE): The edGe oF a CLiFf(悬崖的边上)

3242779(MNRNGCP): standing there is a MaN weaRiNG a CaP(站着一个戴帽子的男人)(你看到他了吗？)

9418509(BRDFLSB): a BiRD FLieS By(一只鸟飞过)(接下来会发生什么？)

079858(SCPFLF): hiS CaP FelL ofF(他的帽子掉了)

当然，将这么一长串数字转化成连贯的句子或者故事需要花费一些时间，而且将6到7个数字分成一组并创建一幅图片也不是一件容易的事情。同样的，这个方法对记忆单词表也很有效。你可以用这种方法按顺序记住20个单词，并且可以倒背如流。这种方法比通过关联和故事来记忆更有效，也可以通过这种方法记住任何按顺序排列的事情，比如做一道复杂菜肴的步骤、各个州加入联邦或者承认美国宪法的时间顺序、第十修正案、美国宪法修正案、《圣经》分册、化学实验的步骤和解答一道复杂方程式的步骤等。

不需要每次都创建一幅不同的图片来记住数字，如14可以用tire(轮胎)、door(门)、tar(柏油)、water(水)和heater(加热器)来表示。创建出一些单词和数字的对应并牢牢记住会大大提高你的记忆效率。

下面是与数字00-20对应的一些单词：

00 SeaS（大海）ZeuS（宙斯）SauCe（调味汁）

01 SeaT（座位）SoDa（苏打水）SuiT（西装）

02 SuN（太阳）SNow（雪）SwaN（天鹅）

03 SwiM（游泳）SuM（总和）SeaM（缝合）

04 SeweR（下水道）ZaRa（某快销品牌）CzaR（沙皇）

05 SaiL（航行）SouL（灵魂）SoiL（土壤）

06 SaGe（圣人）SwitCH（开关）SaSH（肩带）

07 SocK（袜子）SKy（天空）SacK（麻袋）

08 SaFe（安全）SoFa（沙发）SieVe（筛子）

09 SoaP（肥皂）SouP（汤）SPy（间谍）

10 TOes（脚趾）TOys（玩具）DiCe（色子）

11 TeeTh（牙齿）TaTtoo（文身）ToaD（蟾蜍）

12 TiN（锡）TwiNe（缠绕）DuNe（沙丘）

13 TuMmy（肚子）DaM（大坝）aToM（原子）

14 TiRe（轮胎）DooR（大门）DeeR（小鹿）

15 TaiL（尾巴）DoLl（洋娃娃）ouTLaw（罪犯）

16 TiSsue（纸巾）DiSh（餐盘）DaSh（冲撞）

17 DocK（码头）DecK（甲板）DucK（鸭子）

18 TV（电视）TaFfy（太妃糖）DoVe（鸽子）

19 TuB（浴盆）TaPe（磁带）TuBe（管道）

20 NOse（鼻子）KneeS（膝盖）NOose（套索）

当然，你可以继续补充完善这个表格，不过，你在选择单词时，一定要保证所选取的单词能够很轻松地转换成图像以便于记忆。因此，应当优先使用一些表示物体的名词，而非动词；优先使用一些常见词汇，而非生僻词汇。比如，当然可以用“waSh”（洗衣服）来代表“6”，但“Shoe”（鞋子）无疑更好一些；或者用“RoSe”（玫瑰）来代表“40”，而不是用“waRehOuse”（谷仓）；再或者用“DaiSieS”（雏菊）来代表“100”，而不是用“DiSeaSe”（疾病）。

总之，参照上述方法，你可以很轻松地构建出从“1”到“100”的对应单词。不过，大部分的数字都可以用多个单词与之对应。要想记住100个这样的单词，可以用一个简单的方法：将这100个单词分成10组，每一组都找一个以相同字母开头的单词。比如，从“30”到“39”可以以“M”开头，因为“M”代表“3”，如“MouSe”（老鼠）代表“30”，“MuD”（泥）代表“31”，“MooN”（月亮）代表“32”，“MoM”（妈妈）代表“33”等。同样，从“40”到“49”的关联词可以以“R”开头，“50”到“59”的关联词可以以“L”开头。毫无疑问，这种习惯可以帮助你更好地记住它们。

不管你选择哪个单词，一定要保证它们对你而言是最为熟悉而有意义的单词。如果你是个健身迷，你可以用“LaT”（肌肉）表示“51”，“GyM”（健身）表示63；如果你喜欢奶昔，也可以用“ShaKe”（奶昔）表示“67”。总之，不要限制你的想象力，最佳的关联想象就是把新知识融合到已知的旧知识中。当你可以通过关联词记住所有的两位数，并用合适的关联将这些图片和数字对应起来之后，3幅这样的图片就可以让你记住任何的账号密码，4幅图片就可以让你记住所有的重要纪念日期。

记忆专家们创造出不同的方法来完善个性化的“记忆系统”。比如，哈利·洛拉尼和杰夫·卢卡斯在其力作《魔法记忆》一书中，提出了另一种更加简洁的数字替换方法，可以用“iNK”（墨水）代表“27”，那么“iNKS”（墨水的复数形式）就可以代表“270”，“iNKiNG”（墨水的动名词形式）代表“2727”，“iNKeR”代表274，“iNKeD”代表271。再比如，两届美国记忆锦标赛冠军罗恩·怀特还给“101”到“1000”之间的所有数字都创建了关联词，包括一些有趣的图片，比如“Foam mouth”（口吐白沫）代表“833”，“lure bag”（诱惑的书包）代表“549”，“insurance policy”（保险策略）代表“264”。这再次说明了只要你选取的单词、形成的图片对自己有意义即可。

此外，你也可以考虑在记忆两位数的基础上，通过使用一些形容词作为关联词来记忆三位数。美国杨百翰大学的教授、心理学家肯尼斯·海格比博士提出，可以在原来用于记忆两位数的关联词前再加一个形容词来记忆三位数。比如，用“weT”（湿的）代表“1”，“New”（新的）代表“2”，“My”（我的）代表“3”，“haiRy”（多毛的）代表“4”，“oiLy”（油腻的）代表“5”，“huGe”（巨大的）代表“6”，“weaK”（虚弱的）代表“7”，“heaVy”（沉重的）代表“8”，“haPpy”（幸福的）代表“9”和“DiZzy”（眩晕的）代表“10”。如此一来，“weT NoSe”（湿润的鼻子）可以代表“120”，“My MoM”（我的妈妈）可以用来代表“333”，“huGe BeD”（巨大的床）可以代表“691”。当然，如果你并不需要将三位数作为一个整体来记忆，也已经习惯了用两位数的关联词来构建“记忆图片”，那么也完全可以按照自己喜欢的方式来记忆长数字。

多米尼克记忆法

八界世界记忆锦标赛冠军多米尼克·奥布莱恩创立了以其名字命名的“多米尼克记忆法”，与“语音记忆法”不同，多米尼克使用的关联词并非基于发音，而是把数字改为具体而固定的字母，然后按照数字顺序将其组合，最后以人物来代替数字。其基本的替换如下：

1 = A　英文字母表中的第一个字母；

2 = B　英文字母表中的第二个字母；

3 = C　英文字母表中的第三个字母；

4 = D　英文字母表中的第四个字母；

5 = E　英文字母表中的第五个字母；

6 = S　英文单词“Six”的首字母；

7 = G　“G7”（西方七国集团领导人峰会）；

8 = H　英文“eight”发音与“H”相近；

9 = N　英文“nine”发音与“N”相近；

0 = O　数字“0”和字母“O”形状相似。

多米尼克建议将一些特殊的数字与固定的人物关联起来，比如，“25”可以是“圣诞老人”（编者注：12月25日为圣诞节，下同），“10”可以是波·德瑞克（好莱坞女影星，1979年因出演电影《十全十美》而成名），“52”可以使“红心国王”（一副扑克牌有52张牌，“红心国王”即红桃K）。当然，你也可以将某些对自己有特殊含义的数字与相关的亲友关联，比如，“24”是我的结婚纪念日，所以与妻子关联；“31”是我母亲的生日，所以与母亲关联。

按照多米尼克设计的上述数字与字母之间的基本替换表和关联方法，任何两个数字的组合都可以替换为某一人物姓名的首字母缩写。比如，“15”可以用字母“AE”代表，可以是Albert Einstein（艾尔伯特·爱因斯坦，物理学家，创立“相对论”假说）的首字母缩写，或Amelia Earhart（阿梅利亚·埃尔哈特，美国第一位获得十字飞行荣誉勋章及第一位独自飞跃大西洋的女飞行员）、Abba Eban（阿巴·埃班，以色列外交之父）的首字母缩写。同样，“11”可以用字母“AA”代表，可以是Andre Agassi（安德烈·阿加西，著名网球运动员）的首字母缩写。“52”可以是Emily Blunt（艾米莉·布朗特，英国女演员，2006年凭借《穿着普拉达的女王》获金球奖最佳女配角提名，2014年与汤姆·克鲁斯共同主演电影《明日边缘》）。

不过，要确定所有两位数的代表人物，至少需要100个人物。因此，应当按照你的喜好进行组合搭配，选择对自己而言最有意义的任务，无论是亲人、朋友，还是明星、政客和卡通人物。即使如此，在这个“数字—人物”的替换系统中，仍需要大量的人物形象，虽然他们的面孔对你而言并不陌生，但在使用过程中也仍是有难度的。为了更简便牢固的记忆，多米尼克建议让所使用的人物都具有其特征或动作。比如，阿尔伯特·爱因斯坦（首字母“AE”代表“15”）写板书（仍代表“15”）就是数字“1515”；同样，安德烈·阿加西（首字母“AA”代表“11”）打网球代表“1111”，艾米莉·布朗特（首字母“EB”代表“52”）弹钢琴代表“5252”。这样，你就可以用一幅图片记住4位数字，比如“1552”就是“阿尔伯特·爱因斯坦弹钢琴”，“5211”就是“艾米莉·布朗特打网球”。

可以说，多米尼克记忆法的最大优势就在于通过想象某个人在做某个动作来记住数字，这种方法比用“语音记忆法”记住100个不相关的物体要简单一些。当然，如果能将这两种记忆法结合起来可能会更加高效，因此就有了下节所说的一种更复杂也更有效的记忆法。

PAO记忆法

对于那些热爱数字并想要尝试最复杂记忆方法的人而言，PAO记忆法无疑是最合适的方法。PAO记忆法的全称是“人物（Person）—动作（Action）—对象（Object）”记忆法，在这个记忆法中，每组数字分别代表人物以及他或她的动作和对象。这种记忆法比“多米尼克记忆法”更先进和复杂。比如，继续使用上一节的关联，“阿尔伯特·爱因斯坦（15）写（15）板书（15）”就是数字“151515”，“安德烈·阿加西（11）打（11）网球（11）”代表“111111”，“艾米莉·布朗特（52）弹（52）钢琴（52）”代表“525252”。那么，我们将人物、动作及对象三者分开并排列组合后，可以轻松记住另外所有不同顺序的六位数字：

11 52 15　安德鲁·阿加西弹板书

11 15 52　安德鲁·阿加西写钢琴

15 11 52　阿尔伯特·爱因斯坦打钢琴

15 52 11　阿尔伯特·爱因斯坦弹网球

52 11 15　艾米莉·布朗特打板书

52 15 11　艾米莉·布朗特写网球

此外，当你头脑中有了“安德鲁·阿加西弹板书”这样的画面后，就可以将之放入自己的“记忆宫殿”，这样拥有“12”个记忆桩的“记忆宫殿”加上这些画面，你就可以记住72位数字，就是这么神奇！

那么，怎样学习使用“PAO记忆法”呢？首先，可以通过你喜欢的方法创建属于你自己的“人名—动作—对象”的顺序。如果你喜欢用“多米尼克记忆法”，而且已经分别记住了每个数字对应的人名、动作和对象（道具），那么你就可以创建出100个人物形象了。而你所需要做的就是选择一些比较好记的动作和对象。如果你喜欢“语音记忆法”，就可以利用名字和姓氏的发音（或者只用名字的发音）创建人名和数字的关联：比如提姆·提博（Tim Tebow）可以表示数字“11”，马布里妈妈（Moms Mabley）或者玛丽·马丁（Mary Martin）或者密尼万夫人（Mrs. Miniver）都可以表示数字“33”，达利（DaLi）表示数字“15”，比基·斯莫兹（BiGgie Smalls）表示数字“97”。谢尔（CHeR）表示数字“64”，麦当娜（MaDonna）表示数字“31”。

然后，再给每个数字后面加上一个动作和对象。不需要搭配动作和对象——比如安德鲁正在挥舞着网球拍，但这并不意味着他在打网球。你可以想象他穿着网球拍，或者拿着网球拍画画，或者在烤网球拍，或者你也可以想象他是在拍打一幅画或者喷泉而不是打网球。

最后，为了更进一步的强化记忆效果，可以利用“语音记忆法”的发音将人名、动作和对象联系起来。比如，数字“19”可以是大卫·贝克汉姆在一只大号上打字（打字的英文是“TyPe”，大号的英文是“TuBa”，“语音记忆法”中“T”或者“D”表示数字“1”，“P”或者“B”表示数字“9”）。同理，数字“44”是罗纳德·里根对着极光咆哮（咆哮的英文是“RoaR”，极光的英文是“auRoRa”，“语音记忆法”中“R”表示数字“4”）；数字“77”是金刚烤制蛋糕（烤制的英文是“CooK”，蛋糕是“CaKe”，“语音记忆法”中“KK”、“CC”或者“CK”都可以表示数字“77”）;数字“82”是波诺给天堂打电话（打电话是“PHoNe”，天堂是“heaVeN”，“语音记忆法”中“PH”“V”表示数字“8”，“N”表示数字“2”）。

事实证明，无论你用哪种记忆法，甚至也可以不用任何一种记忆法，只要在人名、动作和对象三者之间创建符合你思维习惯的挂链，都会帮助你记忆那些数字。那么，你的关联或选择需要前后一致吗？答案都是否定的。“PAO记忆法”中的关联可以符合逻辑的，也可以不符合逻辑。同样，你可以选用身边亲友的名字，也可以借助“语音记忆发”选择人名，或者通过“多米尼克记忆法”选择人名。正如，我们之前提到过的，数字“2”会不会让你想到天鹅？当然你也可以用维诺娜·瑞德、米拉·库妮丝和娜塔莉·波特曼三位影星的名字来表示数字“2”，因为他们都曾主演过电影《黑天鹅》。

总之，你不必在意所选择的关联是否符合逻辑的、有意义或者容易记的，你选择的关联只需要对你自己有意义即可，也不必在意你如何编辑这些关联或者你用哪个系统来创建这些关联。

假如你是学生，正在学习世界地理，眼下需要准备一个关于世界人口增长的考试，看完下面的表格后，你马上就会记住，巴西的人口比利比亚多，然后再依次是日本、墨西哥和菲律宾。为什么呢？因为你只需要记住“蓝色跳跃”（“BLue JuMP”一词包含巴西、利比亚、日本、墨西哥、菲律宾五国的英文单词的首字母）。但是，如果你还能将这几个国家的人口数记下来，那么一定会让老师对你刮目相看的。

巴　西	204,259,812
利比亚	181,562,056
日　本	126,919,659
墨西哥	121,736,476
菲律宾	100,998,378

你可以这样记住巴西的人口数：巴西的人口数是20 42 59 81 2。首先，通过两位数的“PAO记忆法”记住前六位数。数字“20”可以选用前法国总统尼古拉斯·萨科齐（Nicolas Sarkozy）的名字（或者是剧作家尼尔·西蒙、足球教练尼克·塞班或南希·辛纳特拉）。挖掘这个动作表示数字“42”，动作的对象是焊枪，表示数字“59”（当然，这都是我胡编乱造的）。所以第一幅图片就是萨科齐先生用焊枪挖洞。那剩下来的三个数字“812”怎么办？ 当然，你可以用语音数字系统关联一个新词“FuToN”（日式床垫），表示数字“812”。现在我们就可以想象“萨科齐往挖好的洞里扔了一个床垫”。或者，你也可以用前面章节中提到的海格比的记忆方法，将两位数的关联词转化成三位数的关联词：“812”可以是“快乐的棕黄色”（快乐的英文是“Happy”，即数字“8”；“棕黄色”的英文是“TaN”，即数字“12”）。

因为所有的人口数字都是九位数，我们可以用前几章中提到的海格比或者卡姆帕优的记忆方法，创建三位数的关联词来记住各个国家的人口数。用海格比的记忆方法，墨西哥的人口数可以记作“weT（数字“1”）NeT（数字“21”）”，意思是湿的网；“weaK”（数字“7”）MatCh（数字“36”）”，意思是微弱的火柴；“haiRy（数字“4”）CaGe（数字“76”）”，意思是毛绒绒的笼子。用卡姆帕优的记忆方法，把这几个道具放到特定的位置里，如把网（net）放到游泳池（swimming pool）里，表示数字“121”；把火柴放到北极，表示数字“736”；把笼子放到家里，表示数字“476”。（如果你喜欢这两种方法，但是觉得“家里”或者“快乐的”不够独特，也可以自己创建更适合的形容词或者位置）。

与此类似，你可以试着用一种或两种方法记住日本和利比亚的人口数。哪种方法对你来说更简单？再举一些九位数的例子，试试哪种方法最适合你。

CHAPTER

9

最强大脑：12种记忆法的日常妙用

良好的方法能使我们更好地运用天赋的才能。

——约翰·德斯蒙德·贝尔纳

大部分学生和上班族都经历过这样的事情，那就是需要做口头汇报。对学生而言，可能是读书报告、对历史事件和时事新闻的汇报，甚至参加各种各样的学生组织、联谊会或者俱乐部都需要做演讲。对于上班族来说，由于工作需要，你要定期甚至经常向你的同事或客户发表演讲。

除了死亡，没有什么比需要你站起来跟大家“说几句话”这种事情更可怕的了。我猜所有人都会担心自己万一说到一半的时候突然词穷，记不起昨晚反复背诵的精彩讲稿。别担心，公开演讲没有那么可怕。你在这本书中学到的方法将会帮助你克服恐惧，充满自信地进行各种演讲。

公开演讲并不可怕

不要试图将演讲稿一字不落地背诵，不要绞尽脑汁地回忆讲稿里的每一个词，**你要做的只是记住讲稿的关键要点**。当你在苦苦思索某个词的时候，你会觉得非常紧张，这必然会影响你接下来的演讲，甚至忘掉整段话。

对于任何形式的演讲，所有的演讲者都需要明白这个秘诀：**演讲**

前向听众说明你要讲什么，演讲后向听众强调你都讲了什么。演讲的时候，不要照着讲稿背诵，也不要照着讲稿朗读而不顾及与听众的互动。你应该列出一个演讲大纲，并用在第三章学到的关联法将你的想法和观点压缩，创建一幅简单的单词与图片关联，编一个故事来记住你要讲的所有要点。

最近我作为本地高中女子长曲棍球队的教练，为庆祝她们赛季中打破纪录，向他们和家长们做了一次演讲，我的演讲稿要点如下：

1. 感谢校长、体育部主任和运动员家长们；

2. 指出团队需要克服的困难（受伤、天气、关键球员中途退赛等）；

3. 团队如何克服这些困难以及他们取得的成就；

4. 团队中三位老球员发挥了重要作用，做出了巨大贡献；

5. 每个运动员的奖状和奖品。

我的演讲大纲分为五个部分。我所要做的就是把每部分构架成一幅图画或一个故事，再把每个故事衔接起来，同时还要确保没有任何遗漏的细节。

第一部分：感谢校长、体育部主任和运动员家长们。我在头脑中想象了这样一幅画面：理查德·尼克松（不错，理查德·尼克松是校长的名字）正在和体育部主任及运动员家长们握手。

第二部分：指出球队需要克服的困难。我将球队面临的具体困难与相关人物联系起来，并使用“宫殿记忆法”加以记忆：切尔西扭伤了脚踝（受伤），珍妮撕裂了前交叉韧带（受伤），萨米第二天离开了团队（关键球员中途退赛）。在我脑海中想象出这么一幅图片：切尔西的脚踝肿得很高，倚在门前的第一个邮箱前（记忆柱1）；珍妮倚在右手边的路灯（记忆柱2）旁，因为她膝盖撕裂了；萨米站在左手边的路灯前（记忆柱3）挥手告别。记住其他六位受伤的运动员和她们的伤情也很简单，只需要按照她们受伤的顺序，加入到我的头脑的“记忆柱”中就可以了。在我散步的时候，天空中正在雷雨交加，所以在讲到这部分的时候，要谈论一下天气。

第三部分和第四部分相对简单，但第五部分需要记住许多获奖情况和比赛纪录。用关联词和清晰的图片可以像照相机一般记住所有的细节：赢得赛季冠军的球员们系着一条领带，“领带”（**T**ie）代表“1”（“T”代表“1”，参见第八章“数字语音记忆法”）；候补球员（second teamers）身着修女的衣服，“修女”（**N**un）代表“2”（“N”代表“2”，同上）；切尔西的领带上闪烁着“MVP（最有价值球员）”这几个字，她正在打破本赛季**77**粒进球的校级纪录，“打破”（kno**CK**）代表“**77**”（“CK”代表“77”，同上）；老队员伊莱恩正在吃晚饭（**D**i**N**ne**R**），DNR代表着她职业生涯的**124**个进球（“D”代表“1”、“R”代表“4”，同上）。正因为我能够在头脑中将所有的队员与数字或字母联系起来，并想象出具体画面，所以轻松记住了一连串的数字。

通过将我的演讲分成五个部分，并用我们所学到的记忆技巧来补充细节，我从来没有在演讲中“乱了阵脚”，也没有因为忘词而呆站在那里，面对着底下安静的听众，脑中一片空白（如果你确实忘词了，一定要提醒自己，大部分观众都不会注意到你的停顿，不要把它想得那么可怕）。

有些演讲稿可能会很长，需要你投入更多的精力，运用前几章学到的方法和技巧，来记住大量的细节和数据。尽管构建关联和编造故事需要花费很长的时间，但只要根据你的大纲记忆你想要说的话，稍加练习，就会发现公开演讲其实并没有你想的那么可怕。

告别导航也不“路痴”

我是谷歌地图的忠实用户，如果没有谷歌地图，我可能就会走到一个水沟里。但如果你不知道明确的地点，谷歌地图也会束手无策。

学会了这些记忆方法之后，你可以不必依赖智能手机、导航或者其他电子设备。比如你在一条偏僻的小路上迷失了方向，手机又恰好没电了。一个热心的陌生人告诉你如何去帕蒂姑妈家的麦仓：“直走1英里，在一个旧鸡舍处右转，然后在一个教堂处左转，继续直走2英里，在第三个红绿灯路口右转，然后在下一个红绿灯处左转。直走大约3英里，你会看到麦仓就在你的右手边。”

相信你和我一样，听到“直走……”之后就已经感到晕头转向了。来试试这个方法吧，首先，在头脑中为“向左”“向右”“向前”各建立一幅图像：一个裁判向我指挥“向左走”；我的老朋友格雷格怀特大声地告诉我“向右走”；如果画面中裁判与格雷格怀特都没出现，我就会一直“往前走”。

于是，我记忆中的路线变成了这样：我的朋友格雷格一边大喊着“我们是第一名”，一边向我招手，让我走到旧鸡舍旁。当我向右转后，我立刻看到一个裁判站在教堂前指着左边。开车直行了一会儿后，我看到格雷格在红绿灯处割草（割草的英文为mow，“数字语音记忆法”中“M”代表数字“3”），即说明在第三个红绿灯路口右转。继续往前走，看到一个裁判在喝茶（茶的英文为tea，“数字语音记忆法”中“T”代表数字“1”），标明我该往左走。再继续向前走，直到看到格雷格站在路的右边，这就是帕蒂姑妈家麦仓的位置。

怎么样，这个方法对你有用吗？或者你喜欢其他独特的图像？或者你喜欢把每个方位放在“记忆宫殿”的“记忆柱”里？你完全可以选择最适合自己的记忆方法。只要掌握了这些方法，你就可以轻松告别“导航”啦。

不再频繁“找回密码”

我希望大部分人都不会把自己的生日、周年纪念日或者宠物狗的名字作为网络账户的登录密码。选用一些稍微复杂并确保不会忘记的密码是非常明智的选择。这里有一个不错的9位数密码：

85P47I63E

你可以随意替换该密码中的6位数字，利用“数字语音记忆法”和“PAO记忆法”为你所选用的6个数字构建一幅图像。

例如，在上面的例子中，你可以用“弗兰克·兰杰拉鞭打果酱”来记忆。其中，弗兰克·兰杰拉为人物（Frank Langella表示85，“数字语音记忆法”中“F”代表“8”、“L”代表“5”，具体参见第八章）、鞭打为动作（whipping表示47）、果酱为物体（Jam表示63，“J”代表“6”、“m”代表“3”，同上）。

再选择一个简单易认、含有三个字母的单词，如Pie、Gym、Bud、Cat等，这样你仅用一幅图像和一个单词即可轻松记住这样一个9位数密码，而且这类密码都要比123456或者abcdef更加安全。

你也可以选择一些合适的技巧记忆数字与字母的组合。我女儿是这样记住她第一辆车的车牌号码的（N33DHD72）。通过“数字语音记忆法”将关联词的首字母进行缩写：No MoM（“M”代表“3”）Don’t Hit Dad aGaiN（“G”代表“7”，“N”代表“2”），译为“不，妈妈，不要再打爸爸了。”

轻松记忆复杂公式

在读大学的第一年里，我曾花费大量精力来学习物理化学这门课程，并感到前所未有的困惑与迷茫。所有的记忆技巧，无论多么高级，对我来说都不起作用。当时这门课程需要阅读整整10本教材书籍，第一本书的开头写道：

如果……（接下来是两行公式……）

或者……（又是一行公式……）

但是……（又一行公式……）

那么……（其他的公式……）

（一连好几百页纸都写满了公式……）

要想记住这些长长的化学反应式或公式是非常繁琐的。而且这些公式越复杂，就越难以记住。现在你可以试试用之前学到的方法记忆如下公式：

$$K=1/2mv^2$$

K代表动能，m代表物体质量，v代表速度。即，动能等于二分之一乘以质量乘以速度的平方。

让我们想象这样一个场景：一个国王（King）坐在车里（Motor Vehicle），他的上半身（half，1/2）从车窗探出来。这时一只母鸡（heN

中“N”代表“2”，参见第八章“数字语音记忆法”）在房顶上咕咕叫，这样一来，这个公式是不是变得简单、好记、直观多了？

如何记住苯（Benzene）的化学式C_6H_6？试试这个：“本（Ben）看见现金（Cash）乱糟糟（Hash）。”本（Ben）可以帮你想到苯（Benzene），现金Cash与Hash中“sh”代表“6”，表示C与H各有一个下标6（参见第八章“数字语音记忆法”）。

记住硫酸的化学式H_2SO_4，可以想象这样一幅画面：火山喷发出热的鼻子（Hot Noses）然后落到下水道里（SeweR）。其中，“H”代表氢原子，“N”代表“2”，“S”代表硫，“SR”亦可代表“04”。硫酸的分子质量是98.079，你可以记作：牛肉（BeeF）袜子（SocK）派（Pie）。其中，“BF”代表“98”，“SK”代表“07”，“P”代表“9”（参见第八章“数字语音记忆法”）。

很多化学式中都有碳（C）、氢（H）、氧（O）和氮（N）等元素，可以尝试构建与这些字母关联的情景或画面能帮助你快速记住它们，这种方法同样适用于数学公式、科学定律和化学方程式的记忆。你可以想象用“双杠”表示“等号”，“对号”表示“平方根”等。

倒背牛顿三大定律

牛顿第一定律：一切物体在没有受到力的作用（合外力为零）时，总保持匀速直线运动状态或静止状态，除非作用在它上面的力迫使它改变这种运动状态。

牛顿第二定律：物体加速度（a）的大小跟物体受到的作用力（F）成正比，跟物体的质量（m）成反比，加速度的方向跟合外力的方向相同，F=ma。

牛顿第三定律：相互作用的两个物体之间的作用力和反作用力总是大小相等，方向相反，作用在同一条直线上。

我们需要逐字逐句地背诵吗？当然不用，我们只需要回想起每条定律的意义。第一定律是对惯性的定义，也被称为惯性定律（Law of Inertia），所以我们只需要记住Inner Shah（发音同inertia）。

第二定律可以想象成这样一幅画面：我的父亲（**F**ather）和母亲（Mother，**Ma**）站在双杠的两端，看着对方（F=ma）。

关于第三定律，只需想象我的父亲和母亲在双杠的两端互相用力推彼此，然后同时摔倒在地。

看吧！用这种方法记住这三大定律是多么的简单！你还能想到其他技巧吗？

准确记住历史往事

很多课程要求学生记住一些重要的事件和日期，但是即使你不再是学生，记住生日、周年纪念日、即将到来的重要事情和日期也很有用。我们已经学了一些技巧，可以帮助我们记住这些事情。

让我们来看一下记住第二章提到的美国内战时期的主要战役及时间是多么简单。

1863年5月12日，雷蒙德战役

1862年5月25日，温彻斯特战役

1863年7月1日，葛底斯堡战役

1861年4月12日，萨姆特堡战役

1862年3月8日，豌豆岭之战

1863年9月18日，奇克莫加河之战

我们需要记住的是：这六场战役发生的月份（01-12）、日期（01-31）和年（61-63），由于这六场战役都发生在19世纪，我们可把年份中的18省略。来试试“PAO记忆法”吧（参见第八章“PAO记忆法”）：

05 12 63

05 25 62

07 01 63

04 12 61

03 08 62

09 18 63

我们选取的**人物**是斯派克·李-05（Spike Lee，“S”、“L”分别代表“0”、“5”，参见第八章“数字语音记忆法”），斯蒂芬·金-07（Stephen King，“S”、“K”分别代表“0”、“7”，同上）、斯莫科·罗宾逊-04（Smokey Robinson，“S”、“R”分别代表“0”、“4”，同上）、赛斯·迈耶斯-03（Seth Meyers，“S”、“M”分别代表“0”、“3”，同上）和史蒂夫巴斯米-09（Steve Buscemi，“S”、“B”分别代表“0”、“9”，同上）。**对象**是健身房-63（GYM，“G”、“M”分别代表“6”、“3”）、链（chain，“ch”、“n”分别代表“6”、“2”）和喷气（Jet，“J”、“T”分别代表“6”、“1”）。跟日期相关的动作，如12、25、01、12、08和

18也会根据人物和对象加以选择。下面是我想出的一些例子：

在温彻斯特战役中，斯派克·李（05）我首先想到的就是步枪，或者还是用的照片，只不过他这次在织一条链子（62）（也许可以加到步枪上）。

斯派克·李（05）为了雷蒙德战役在健身房（63）跳来跳去。雷蒙德是我最喜欢的叔叔的名字，所以我把他加到了图片里。或者你可以利用发音相似，让斯派克戴着雷朋（Ray-Ban）太阳眼镜。

要记住，学会找到窍门。如果你正在学习的事件都发生在20世纪，那你就可以把年份中的19省略；如果你在研究美国独立战争，那就把年份中的17省略。

你也可以用同样的方法来确保你不会忘记别人的生日，或者你的结婚纪念日。例如，用即将过生日的人作为PAO系统中的“人物”，用月份（0—12）作为“动作”，用具体哪一天（0—31）作为“对象”。

你身边的纸牌大师

一些国家级和世界级记忆锦标赛都会举办纸牌记忆比赛。考查一位选手最短用多长时间能记住一副纸牌的顺序，或在15分钟、30分钟及1小时内能记住多少副纸牌。

哈里·洛拉里和杰瑞·卢卡斯曾在《魔法记忆书》中提到过这样的方法：利用“数字语音记忆法”创建关联词，以方便记忆花色（方块、红桃、黑桃、梅花）和点数（2-10，J、Q、K、A）。例如，方块花色（Diamond）的纸牌的关联词均以字母“D”开头，关联词中的字母代表相应纸牌的点数，如“T”代表“1”，“N”代表“2”，“M”代表“3”等（参见第八章“数字语音记忆法”）：

A　约会（DaTe）

2　沙丘（DuNe）

3　大坝（DaM）

4　门（DooR）

5　娃娃（DolL）

6　菜（Dish）

7　码头（DocK）

8　潜水（DivE）

9　债券（DeB）

10　剂量（DoSe）

黑桃花色（Spade）关联词的首字母为“S”（suit，sun，sum……），红桃花色（Heart）关联词的首字母为“H”（hat，hen，hem……），梅花花色（Club）关联词的首字母为“C”（cat，can，comb……）。

纸牌J、Q、K关联词的构建，则需根据其各自花色的不同，更换其首字母，同时关联词需押“Jack”“Queen”“King”的尾韵。因此，黑桃K的关联词为“sing”（黑桃的英文为“Spade”，取首字母“S”，“King”保留词尾“-ing”），梅花K的关联词为“king”（“K”与“C”发音相似），方块Q关联词为“dream”（方块的英文为“Diamond”，取首字母“D”，“-eam”押尾韵），黑桃Q关联词为“steam”（黑桃的英文为“Spade”，取首字母“S”）。

创建好每张纸牌的关联词，你就可以开始练习了，把扑克牌逐个翻过来，用相应的关联词编造一个故事，看看你需要花多长时间能记住这52张牌。

事实上，在各个领域你都可以尝试运用这些记忆技巧，比如记住长长的一串书名及其作者或音乐家、艺术家及其代表作品等。用上你所学的新技能，尽情地应对挑战吧！

CHAPTER

10

无惧考试：如何在各类测验中妙用记忆法

尽管记忆技巧很重要，但是本书提到的很多记忆技巧在课程学习和技能培训中是无法运用的。所以尽管很多老师能在你的阅读、写作和应试技能方面提供帮助，但是他们大多情况下会“忘记”告诉你如何提高记忆力。

当你在准备考试时，你会发现好的记忆力非常重要，不管你是准备参加期中考试或期末考试的学生，还是参加职业技能测试或从业资格考试的职场人士。在这种情况下，**压力是影响你记忆力的最直接因素**，因此如何缓解考前焦虑自然十分重要。

缓解焦虑，保持记忆状态

你对考试了解越多，你就越能够集中注意力并记住备考所需的资料：

这次考试包括哪些备课资料？

这次考试一共有多少考点？

我有多长时间去备战考试？

会出什么类型的试题（选择题、判断题、问答题等）？

每个类型试题会出多少道？每个类型试题比重是多少？

每道题目的分值是多少？

考试成绩不佳会有何影响？

如果你的脑海里全是乱糟糟的日期、人名、原理、公式等知识点，即使你对所有的考点都很了解，也会发现要回忆起某个细节还是很有难度的。极度的紧张会让你无法从大脑中立刻提取出你已记住的东西。

深呼吸是最简单的放松方法。倚靠着椅背，放松你的全身，缓慢地、有节奏地吸气、呼气，并尝试在每次呼吸时屏住气息10秒钟。

你也可以试一试冥想的方法：集中注意力在某一件事情上，不要去想其他事情。当你完全集中精力在某一事物上时（即使这个“事物”是一个没有意义的单词或墙上的一个点），你的大脑不会考虑其他的事情，这会让你的精神放松下来。

如果下次考试时你无法集中精力，试着这样做：靠在椅背上，做三次深呼吸，默默地思考“RON”这个单词一到两分钟。当你这样做之后，你会发现你前所未有的放松，可以精神饱满地去迎接下一阶段了。试着暗示自己这次考试并非你想象中的那么重要也会帮助你放松下来。

突出重点，用好“复习清单”

一旦确定了所参加考试的类型，你就要明白你需要准备什么、需要学习什么内容。记住：**考试并非会考察所有的知识点。**

为每一门考试**创建一份“复习清单”**。在这份“复习清单”的表格中，列出所要复习的书籍、笔记、想法和观点等。复习完一项内容后，就在对应的表格中打一个钩。这会最大程度地避免拖延，帮助你有条理地完成自己的复习计划，并让你在每完成一项复习任务时收获成就感。

而对一些你认为不重要、不会在考试中考到的知识点可以匆匆略过。这会给你更多的时间去复习你认为会考察的内容。

紧扣节奏，实现高效复习

正如本书中提到的，我们的短时记忆在很大程度上会受到时间和空间的限制，所以在学习结束后的几分钟内，我们头脑里的知识常常所剩无几了。

想要做到长久记忆，并随时能将我们记忆的知识点“提取”出来，关键是**留出复习间隔，形成记忆模式**。如果你在为一个月后的考试做准备，那你应该在第一次学习后的**第2天**安排第一次复习，第二次复习安排在**第5天**，第三次复习安排在**第12天**，之后每隔一个星期复习一次。随着你对知识点熟悉程度的增加，每次复习所花费的时间会越来越少，但是通过反复、间隔性的复习，你会牢牢记住所学知识，并能随时随地将其提取。

如何高效利用复习时间也十分关键。把同一份资料翻看三遍、五遍甚至七遍，这再简单不过了。但如果你只是机械地用眼睛把复习资料过一遍，而脑子里想着其他东西，复习效果自然也收效甚微。

比如，你原本计划今天拿出四个小时去复习一门课程，那我给你的建议是：今天只复习两小时，明天再复习两小时。或者为了实现更好的复习效果，后天再安排两小时复习。每次翻看复习资料，都会加深你对资料的理解和记忆。

自我测试，及时强化记忆

自我测试是强化你对考点熟悉程度的一个极好方法。可以自问自答，也可以和朋友相互测试。即便你不知道答案，需要查阅资料来找到正确答案，但毋庸置疑的是，自我测试能够帮助你回忆起书中的内容。一些研究表明，你至少应该花一半的复习时间去进行自我测试。因为，如果只是复习笔记或者重点内容，实际上是被动复习，而自我测试时，你的大脑高度集中，能够从你已掌握的知识中积极地查找正确答案，加强你对所学知识的记忆。

我的女儿参加医学院考试的经历就是一个非常好的证明，她发现一些课程如果只有期末考试，要比那些经常举行每周、每月测试的课程复习起来难度更大。她发现每次测试结束后，她不仅能更牢固地记住复习资料，而且还会对她的复习情况进行积极（或消极）的反馈，以便她随时调整自己的复习进度。在学期期末时，通过回顾这些测试题目，对该门课程的复习变得更容易、更快速，成绩自然也会更好。

当你进行自我测试时，出的题目越难，你准备得也会越充分，当面对真正的考试时，才会越自信。进行自我测试有许多好处，不论你是在应付学校测试、职业技能测试或从业资格考试。

实际上，考试的时间越长，题目越标准，你就越需要了解考试的结构、规则和陷阱。熟悉考试类型会帮助你更有针对性的选择复习资料并备战考试。对考试越熟悉，越能让你在复习和考试中保持放松。

临阵磨枪，实现“完美突击”

我们都曾经或多或少的做过类似的事情：一直拖到最后一刻，才试图用一个晚上或者一个周末，来复习完一周、一个月或者一整个学期所学的内容。这种“突击”式的复习方法真的有效果吗？

或许，“临阵磨枪”的填鸭式学习在某种程度上对极少数同学有效，他们能够在短时间内往大脑里塞如此多的“东西”，并保持几个小时的短期记忆以应对考试。

但对于大部分人来说，结果却是得不偿失。在经过一晚上的熬夜苦读，喝大量咖啡来提神后，如果我们还能记住明天在哪考试都是值得庆幸的事情。在竭力保持清醒的几个小时后，我们终于可以躺下来休息了，却会发现在整个过程中，我们非但没有学到任何东西，在考试中的发挥也往往不尽如人意。

这就是为什么不要填鸭式学习的最佳理由：它可能完全没有用！要记住，在考试前再复习一遍不是填鸭式学习，这是强化以前学过的知识，也许会有新的收获。

尽管你下定决心不会临时抱佛脚，并且坚定地认为填鸭式学习法是失败的做法，然而，你还会发现，事情并非都如你所愿，有时候你不得不在考试前一晚去复习一些你从未学习过的内容。如果真是这样，你可以按照下面的方法去做，可以让你的“临阵磨枪”取得一点点成效。

实事求是地估计自己的能力。你必然无法在一个晚上完成一整个学期的学习任务量，尤其是在你平时出勤率很低或者根本不上课的情况下，教学大纲中的书籍有厚厚的两打，你却只略读了其中的两本。你想要突击的知识点越多，你的复习效果越差。

有选择性地学习。你缺勤的次数越多，完成的作业越少，你越应该有选择性地进行复习。所以一定要在正式开始复习前，尽你所能地去确定考试要考察的范围或知识点，并有针对性地复习这些内容。在这样的情况下，最好是集中精力复习小范围的内容，复习效果远远好过面面俱到，但却浅尝辄止。

充分利用记忆力。运用学过的所有记忆技巧，最大程度地记住复习内容。

适当休息。当你无法集中注意力时，干脆放弃，去休息一会儿。

宁可早起切勿熬夜。如果你习惯早起，那就不要熬夜，我发现早睡早起效率更高，熬夜后第二天早晨一般会精神困顿。

当你到达考场时，首先在纸上写下你所记住的任何东西，和你担心会忘记的东西，如公式、反应式、日期等。

说到考试，请翻到第十一章去做做最后的测试，看看读完这本书后，你的记忆力有了多大的提升！

CHAPTER

11

测试：看看你现在的记忆能力吧

测试1：数字速记

下列数字序列比第二章测试中要长得多，给你5分钟时间，你能记住多少数字？

23940729626121410710521410729142084312133495971400

测试2：单词速记

下列50个单词，你的“记忆宫殿”能存下它们吗？

画	原料	足球
水	杂技演员	萨克斯风
车	沙盒	三色堇
肘部	杂志	甘草
勇士	计算器	培根
符号	超级名模	文章
领土	胶带	食用蜗牛
英国爱斯科赛马场	智能手机	起重机
熊	绿色	管

（马）腾跃	侏儒	冰箱
洪水	标枪	猎豹
小猫	制服	海洋
银行	铁匠	文件夹
饲料	梅花A	扫帚
邮票	法拉利	草坪上的椅子
讨论	导弹	斑点狗
蚀刻	钻石	

测试3：不常用英文单词速记

下列25个生僻词汇。在5分钟之内你能记住多少个单词及其含义？

Denudate（裸体的）
Celature（金属浮雕）
Harmotome（重十字石）
Mesocarp（中果皮）
Anthema（疹）
Quaternary（第四纪）
Baccate（浆果状的）
Parotic（耳旁的）
Waddy（用棍棒打）
Frisket（固定架）
Yaud（老而无用的马）
Golliwogg（奇形怪状的黑脸玩偶）
Peristyle（列柱廊）
Rerebrace（上臂护甲）
Echinate（有刺的）
Neo-dada（新达达派）
Millime（米利姆）
Impartible（不可分的）
Clamant（吵闹的）
Blepharitis（睑缘炎）
Cochlea（耳蜗）
Vexillum（军旗）
Ramify（分枝）
Oleiferous（含油的）
Crandall（琢石锤）

测试4：名称速记

你能记住下面这15种世界名犬品种及产地吗？

名犬品种	**产地**（国家）
库达犬	巴基斯坦
拉加帕莱雅姆犬	印度
维斯拉犬	匈牙利
格兰马斯廷柏瑞肯犬	波多黎各
牧羊犬	委内瑞拉
水猎犬	荷兰
布罗荷马獒	丹麦
阿尔卑斯达克斯布若卡犬	奥地利
泰卢米安犬	马来西亚
舒伯奇犬	比利时
萨博利犬	韩国
可尔犬	新西兰
土佐犬	日本
阿卡巴士犬	土耳其
萨摩耶	西伯利亚

测试5：非英语单词速记

让我们一起学习法语吧！

法语	中文解释	英文解释
Seiche	乌贼	cuttlefish
Demain	明天	tomorrow
Colombe	鸽子	dove
Haricot	豆子	beans
Joie	快乐	glee
Timbres	邮票	stamps
Piege	陷阱	trap
Jaune	黄色	yellow
Etang	池塘	pond
Bar	黑鲈	sea bass
Grillon	蟋蟀	cricket
Maintnant	现在	now
Eclair	闪电	lighting
Jeudi	星期四	Thursday
Jumeaux	双胞胎	twins
Doue	有天赋的	gifted
Dinde	火鸡	turkey
Champignon	蘑菇	mushroom
Parrain	教父	godfather
Chaussetes	袜子	socks

测试6：历史资料速记

阅读下列资料，5分钟后，你还能想起其中的名字、日期和事件吗？

1889年，费利克斯·霍夫曼博士在德国发明阿司匹林。

约翰·亚当斯和托马斯·杰斐逊死于同一日（1826年7月4日）。

1919年，《凡尔赛条约》的签署标志着第一次世界大战的结束。

1896年，美国高等法院判决普莱西诉弗格森案为“分离但是平等”，这成为处理种族问题的宪法哲学。

2月18日是纪念发现冥王星的日子，冥王星发现于1930年。

1904年，西奥多盖泽尔出生于斯普林菲尔德，马萨诸塞州。

1896年，现代奥运会首次在希腊的雅典举行。

1950年3月，邦调查局成立追捕“十大通缉逃犯”项目。

1847年，美国医学协会成立。

1917年3月4日，珍妮特·兰金成为美国众议院第一个由选举产生的女性议员。

1380年，德米特里打败鞑靼人，成为莫斯科大公。

1901年，威廉·霍华德·塔夫特抵达菲律宾，成为美国在菲律宾的第一任州长。

赛珍珠获得诺贝尔文学奖（1938年）和普利策奖（1931年）。

1942年2月15日，驻守新加坡的英国投降日本。

1792年，拿破仑的军队首次成立救护车。

2000年1月发行的萨卡加维亚1美元纪念币（其实不含黄金）

取代了1979年发行的苏珊·安东尼纪念币。

1641年，弗朗西斯·霍金斯写了一本儿童礼仪的书，此时他只有8岁。

1964年首次运行的东京—大阪动车，最高时速达到130英里。

测试7：阅读速记

你能够阅读下面的文章，并写出其摘要吗？一天之后，你还能记住相关的事实和数据吗？

世界的人口

很可能你这辈子都不会碰上前一分钟出生的274个人。在一个拥有60亿人口的地球上，247个新增人口只不过是沧海一粟。每过一分钟，地球上大约就会出生274名新生儿。照这样计算，到明年的这个时候，地球上就会出生1.3亿新生儿。即使减去每年死亡的人口，地球上新增人口的数量也相当于德国的总人口数。

人类刚刚进入19世纪时，世界上的总人口数大约是16亿，约占现在人口数量的1/4。在1900年，人均寿命在某些地区只有23岁，而现在人均寿命达到了65岁，这就意味着大约几十亿的人将活的更久，对地球的索取也将更多。

但事情也许也不是这么悲观，在越来越多的国家，出生率在下降，人口增长的速度也在放缓。

尽管目前的人口报告逐渐向好，在过去的50年里，有很长的一段时间里，人口学家都承担着巨大的压力。直到本世纪过去了2/3后，科学家们和政府终于开始采取行动。第一次对人口增长进行刹车是在20世纪60年代，当时避孕药的研制已经有了很大的进步。1969年，联合国成立了联合国人口基金会，这是一个面向全球的组织，主要致力于为一些无法接触到节育技术的妇女提供计划生育技术。

这样的努力得到了丰厚的回报，根据联合国人口调查员的统计，在发展中国家，一对夫妇生育孩子的数目，从本世纪初的4.9个减少到了2.7个。

但是生育率的降低对世界人口的数量影响并不大，因为死亡率也大大降低了。人们的寿命更长，人口数量仍在增加，只不过老龄化趋势更明显了。

从目前来讲，要想解决人口问题，只有等到这几十亿在人口大爆炸时期出生的人度过了他们长长的一生，与此同时，继续控制人口出生率才不至于让人口再一次失控。

根据联合国发布的三个设想，到2050年，世界人口将在73亿和107亿之间，这取决于生育率下降的速度。人口最高和最低设想的区别在哪里？那就是一对夫妇只养育一个孩子。

缝纫机的发明

工业革命开始于18世纪中期的英国，在之后的150年里向其他国家传播。在工业革命之前，人们对缝纫机的需求并不迫切，工人本身就是缝纫机。当时，人工采摘棉花、剪羊毛、加工皮革、切割皮革、手工缝制，做一件衣服需要花费很长时间。通常，一个家庭里的妇女负责给自己的家人制作衣服。缝纫店满足一些社会上的需求，但这些缝纫店都是一些个人作坊，所有的物品都由手工制作。

工业革命开启了大规模生产的时代，自此之后，生产过程不断地改进和延伸。其中主要表现为纺织工业的发展。突然间，棉花可以通过机器采摘和清理杂质，将缠在一起的原料理顺；涌现出大量的公司生产和出售服装以及其他一些纺织品，如毛巾、桌布和窗帘等，似乎是一夜之间，手工缝制的时代消失了。

缝纫机最早出现在英国和法国，但是它们当时并不能用于商用。1790年，托马斯山特（Thomas Saint）设计出第一台缝纫机用来缝制皮革，但是这台机器并没有制造出来。19世纪20年代末，法国人蒂莫尼亚（Barthelmy Thimonnier）发明了一台用钩编针缝纫出锁链式针脚的缝纫机。这台机器主要用来为法国军队缝制士兵制服，获得了成功。但是不久，他的店铺和机器被愤怒的工人们砸毁了，因为工人们觉得缝纫机抢了他们的饭碗，任何用来代替人工的机器都是罪恶的。

沃特亨特（Walter Hunt）是安全别针的发明者，也是第一位发明缝纫机的美国人。1832年，他发明了一台缝纫机，但是也有很多缺陷。这台缝纫机只能缝直线，而且缝纫过程中不能人工操纵也不能将衣物翻过来，而且缝纫的最大长度只有几英尺。

1838年，亨特试图说服他的女儿，成立公司用缝纫机缝制妇女束腹衣服，但是她的女儿不同意。同法国人的观念一致，他的女儿也认为用机器代替人工是罪恶的。所以亨特一直也没有为他的机器申请专利。

几年后，还是机械厂学徒的美国人伊利亚斯豪（Elias Howe），由于生计所迫，决心设计和制造缝纫机，他希望能够制造出一台模仿他妻子缝纫动作的机器。经过几次错误的尝试和一度陷入僵局的窘境之后（经常不自觉地重复亨特同样的错误），他终于制造出了一台可以缝边的机器。1845年夏天，他向波士顿的一家服装厂展示了这台机器，他用这台机器缝纫5条直线的时间要比5个女工各自缝纫一条直线的时间还短。服装厂的负责人对这台机器大为赞赏，但是他们却没有购买。

伊利亚斯豪和他新的合作伙伴一起去了英国，但是被新的投资人所欺骗，导致他在伦敦孤身一人，失去工作，身无分文。最终他还是回到了美国，回来之后，他惊奇地发现他的发明在家乡已是远近闻名，但是他最初的合作伙伴瞒着他卖掉了专利，而没有给他补偿。伊利亚斯豪将他原来的合作伙伴告上法庭，经过一系列的审判，法庭判决专利为伊利莱斯豪所有。通过卖缝纫机，伊利亚斯每年都有不菲的收入。直到去世的时候他都十分富有。

伊萨克斯尔（Issac Singer）是如何卷进这场欺骗、迷惑和痛苦的泥潭呢？斯尔曾经是一名缝纫机厂的工人，法庭判决他赔偿伊利亚斯豪的专利使用费。伊萨克斯尔在1851年发明了缝纫机，但是他发明的缝纫机用的是脚踏板而不是手摇柄。然而，就在他刚刚申请专利不久，他就被伊利亚斯豪起诉专利侵权。

最后，法院判决伊利亚斯豪胜诉。然而，客观的说，历史上发明缝纫机的一共有三个人，他们分别是：沃特亨特、伊利莱斯豪和伊萨克森尔。

谁才是最后的赢家呢？看看现在的缝纫机牌子你就知道了，你曾见过哪个店里还卖亨特牌或者豪牌缝纫机吗？

刻意练习 如何成为一个高手

ISBN：978-7-5153-4665-6
作　　者：（美）道格·莱莫夫、艾丽卡·伍尔韦、凯蒂·叶兹
出版时间：2017.5
定　　价：39.00元

★ 美国公认经典练习书
★ 一种简单到极易被人忽略，却又无比强大的成功模式！
★ 用最科学的精进方式，让自己、员工、孩子、学生、学员把事情做到极致

改变全球 9800 万人的学习与成长轨迹，每 30 秒钟便有一人受益于它
42 个刻意练习方法，专注解决你的进步瓶颈，最大限度发掘你的潜能

练习极简单，又极复杂，每个渴望进步的人，无论从事什么行业，无论是领导者还是员工，都希望掌握练习的方法，抓住练习的规律，以把事情做到极致。那些持续奋斗、成长和发展的人之所以成功，正是因为他们一直在不断地刻意练习。

全美培训界最引人注目的导师通过大量发生在顶级运动员、专职教师、资深律师和经验丰富的外科医生身上的实例，有理有据地告诉我们生活中最重要的事情是如何在精心策划的刻意练习指引下发生翻天覆地变化的。

在本书中，作者立足具体、实际的刻意练习，教会每个人利用那些经过仔细筛选且相对简单的方法，帮助人们成为特定领域的高手。这些刻意练习方法包括：专注练习20%的核心技能；练习最擅长的，放大优势效应；反复练习正确动作，加强大脑记忆；研究成功者，并进行正确复制；将技能分解，进行专项练习；预先知道练习关键点；有效利用反馈，及时改进；对抗惰性，让练习充满乐趣……

本书涉及的刻意练习方法一直被个人与管理者不断实践，所有遵循这些方法的人，都成功掌控了自己的工作和生活，并从中获得了无限快乐和幸福，所有遵循这些方法的政府、公司、学校等组织都成功激发了团队的潜力，并获得了所向披靡的力量。

如何阅读

一个已被证实的低投入高回报的学习方法

作　　者：美国普林斯顿语言研究中心
　　　　　（美）艾比·马克斯·比尔
ISBN：978-7-5153-4684-7
出版时间：2017.5
定　　价：39.00元

★ 美国公认经典阅读书
★ 风靡全球的"个人 MBA"计划（The Personal MBA）推荐的第一本书
★ 掌握普林斯顿阅读法，高效学习并轻松记住所读重要信息

在简单易学的练习与训练中，获得革命性阅读技巧！

在碎片化阅读时代，阅读的时间越来越少。本书介绍的普林斯顿阅读法，能帮助你提升阅读速度，20分钟提高阅读速度300%，从而实现在更短的时间阅读更多书籍、杂志、文章，同时它能帮助你提升阅读能力，理解并记住核心重要信息。这套由美国普林斯顿语言研究中心发明的阅读法，已经介绍给所有常春藤联盟校的学生使用，曾经在飞机上帮助一个人5分钟提高阅读速度34%。

本书全方面展示高效阅读的十个重要方法，每一章都配以相应的练习和训练小提示。通过阅读本书，你将学会：

- 如何改掉影响阅读速度的坏习惯；
- 如何提高专注力；
- 如何快速提升眼睛获取信息的技能；
- 怎样读懂专业文章；
- 如何带着目的和问题去阅读，吸收消化；
- 如何批判式阅读、如何略读、扫读、跳读；
- 如何利用碎片时间清理堆积的待读材料；
- 如何做到几个月后仍可轻松回忆阅读过的大部分内容；
- 如何在快速阅读后，深度理解，以更清晰的方式思考。

……